Ich lerne **Voltigieren** und **Reiten**

Ravensburger Buchverlag

Ich lerne Voltigieren und Reiten

Inhalt

In der Stallgasse

Rundgang durch den Reitstall

Endlich, die Reitstunden sind von den Eltern genehmigt! Nun heißt es, anmelden für den Reitunterricht. Wo man das Reiten lernen will, muss genau überlegt werden. Am besten sieht man sich die Reitställe in der näheren Umgebung an, denn kaum ein Stall gleicht dem anderen.

Die Haltung der Ponys

In manchen Reitställen verbringen die Pferde den Großteil ihres Tages in Boxen. Neonröhren ersetzen das Tageslicht und es riecht feucht und pferdig. Immer mehr Reitbetriebe aber halten ihre Ponys möglichst artgerecht. Das heißt, dass sie den Pferden eine Umgebung schaffen, die ihrer Natur entspricht. Häufig findet man die Boxenhaltung mit täglichem Weidegang im Sommer. Im Winter dürfen die Pferde in eingezäunten Ausläufen herumtoben.

Reitplatz

In jedem Reitstall oder Ponyhof gibt es einen eingezäunten Reitplatz, auf dem die Reitstunden stattfinden. Ein kleiner Luxus ist eine Reithalle.

Sattelkammer und Umgebung

Sattel und Zaumzeug werden in der Sattelkammer gelagert. Da Leder sehr empfindlich ist, sollte die Sattelkammer trocken und warm sein. In gut geführten Reitställen lagern Sättel auf so genannten Sattelböcken. Auch für die Trense gibt es eine spezielle Halterung. Putzzeug, Decken und andere Utensilien

Besonders wohl fühlen sich die meisten Pferde im so genannten Offenstall. Das ist ein einfacher Unterstand auf der Weide. Dort können die Pferde Schutz suchen, wenn es regnet, stürmt oder sehr sonnig ist.

Stroh wird als Einstreu verwendet und hin und wieder geknabbert

finden ebenfalls in der Sattelkammer ihren Platz. Da jedes Pferd seine eigene Ausrüstung hat, sind Namensschilder nötig.
Einen großen Bereich nimmt das Heu- und Strohlager ein. Es sollte ebenso wie der Lagerraum für das Kraftfutter, also Hafer, Pellets oder Müsli, trocken und sauber sein.

Putzplatz

Am Putzplatz ist immer was los. Dort werden die Ponys geputzt, dort behandelt sie der Tierarzt und dort treffen sich die Reitfreunde. Auf dem Putzplatz sollte es sicher verankerte Balken oder Ringe geben, an denen man sein Pony anbinden kann.

Gesunde Pferde

Nur gesunde Pferde können ihre Arbeit ohne Beschwerden erledigen. Deshalb sollte man sich beim Besuch im Reitstall auch die Ponys genau ansehen.
Das Fell gibt einen wichtigen Hinweis

darauf, ob es den Pferden gut geht. Kleine weiße Flecken auf dem Pferderücken zum Beispiel warnen: Der Sattel, den das Pony bei der Arbeit trägt, passt nicht und drückt.
Stets auch einen Blick auf die Hufe werfen! Sind ihre Enden ausgefranst oder ausgebrochen? Ist das Hufeisen hauchdünn? Dann ist der Hufschmied nur seltener Gast im Reitstall.

Reitlehrer

Bevor die Anmeldung zum Reitunterricht unterschrieben wird, sollte man mit dem Reitlehrer sprechen. So kann man sich ein Bild von seiner Person machen. Ist er nett und umgänglich? Kann er gut erklären? Werden Fehler verständlich verbessert? Sind alle Schüler mit Spaß bei der Sache? Aufmerken sollte man, wenn Gerte, Sporn und Hilfszügel häufig eingesetzt werden. Auch bockende Pferde sind kein gutes Zeugnis für den Betrieb.

An einem Balken kann das Pony sicher angebunden werden.

Ponys verstehen

Im Reitstall haben viele Reitanfänger zum ersten Mal näheren Kontakt zu einem Pony. Damit sich daraus eine feste Freundschaft entwickeln kann, müssen die jungen Reiter über das Verhalten der Ponys gut Bescheid wissen.

Ein Leckerbissen zur Begrüßung ist erlaubt. Er wird dem Pony auf der flachen Hand angeboten.

Die Sprache der Ponys

Wir Menschen verständigen uns hauptsächlich mit der Stimme. Pferde hingegen benutzen vor allem die Körpersprache, um ihre Gefühle und Wünsche auszudrücken. Wer ein Pony verstehen will, muss also auf seine Regungen achten. Geht man beispielsweise auf ein Pony zu, dann sollte man es mit ruhiger Stimme ansprechen. Mit erhobenem Kopf und gespitzten Ohren zeigt es an, dass sein Besucher willkommen ist. Ponys, die sich gerade für etwas anderes interessieren, drehen ihre Ohren in die entsprechende Richtung und lauschen oder wenden sich dorthin. Verärgerte Pferde legen die Ohren an und kneifen das Maul zusammen. Am besten lässt man sie in Ruhe. Abstand halten heißt es, wenn Pferde ängstlich sind. Das zeigen sie etwa mit angelegten Ohren, angehobenem Hinterhuf und gebleckten Zähnen.

Das Ohrenspiel verrät sehr viel über die Stimmung der Ponys.

Ruhe, bitte!

Ein tief schlafendes Pony liegt flach auf dem Boden. Manchmal bewegen sich dabei die Hufe oder das Pferd wiehert leise. Wacht das Pferd auf, dann ist es meist noch etwas benommen. Man sollte ihm deshalb etwas Zeit lassen, bevor man es anspricht. Braucht das Pferd nur eine kurze Erholung, dann döst es. Dösende Pferde stehen, haben den Kopf dabei leicht gesenkt und die Ohren sind zur Seite gedreht.

Bitte Rücksicht!

Pferde sind Fluchttiere. Das heißt, dass sie bei Gefahr fliehen. Nur wenn die Flucht nicht möglich ist, schlagen sie aus oder beißen. Deshalb darf man sich nie von hinten an ein Pony anschleichen. Das Pony, das den Herantretenden nicht sehen kann, wird dadurch überrascht. Es könnte erschrecken und ausschlagen. Also stets von der Seite auf das Pony zugehen und schnelle Bewegungen vermeiden!

Kranke Pferde

Kranke Pferde interessieren sich kaum für ihre Umgebung. Sie stehen mit angespanntem Gesichtsausdruck im Stall und bei starken Schmerzen stöhnen sie. Wer glaubt, dass ein Pony krank ist, informiert den Reitlehrer!

Flehmen

Flehmende Pferde recken Kopf und Hals, ziehen ihre Oberlippe hoch und zeigen die obere Zahnreihe. Unter der Oberlippe sitzt nämlich das Jakobson'sche Organ, mit dem Gerüche wahrgenommen werden können. Hengste flehmen zum Beispiel, wenn sie am Urin einer Stute riechen. So erfahren sie, ob die Stute rossig (paarungsbereit) ist.

Regelmäßiger Weidegang sorgt für ein ausgeglichenes Pony.

Bitte nicht füttern!

Besucher füttern Ponys gern mit Möhren, Brot oder Obst. So wird aus einem gut gebauten, flinken Pony schnell ein dickes, behäbiges Tier. Bisweilen ist die Zusatzration auch ungeeignet oder verschimmelt. Schmerzhafte Koliken können die Folge sein. Auch für den Futterspender kann die Fütterung böse ausgehen. Pferde, die zusätzlich gefüttert werden, vergessen nämlich schnell ihre gute Erziehung. Dann scharren sie mit den Vorderhufen und schubsen oder beißen ihren „Wohltäter".

Manchmal ruhen sich Pferde im Liegen aus. Sie stützen dabei ihren Kopf auf den Boden.

Einfangen und führen

Bevor man sein Pony für das Voltigieren oder Reiten vorbereiten kann, muss man es aus der Box, aus einem Auslauf oder von der Weide holen. Damit das Pony nicht erschrickt, geht der Reiter stets langsam und ruhig vor. So kann er meistens ohne Probleme das Halfter anlegen und sein Pony führen.

Ein passendes Halfter zählt zur Grundausrüstung eines jeden Ponys.

Das Halfter anlegen

Zunächst holt man sich aus der Sattelkammer das Stallhalfter seines Ponys. Dann geht es auf die Weide oder den Auslauf. Meistens wird man von seinem Pony schon früh bemerkt und neugierige Vertreter kommen sofort auf den Besucher zu. Der Reiter begrüßt sein Pony freundlich und streichelt es. Dann kann er den Führstrick um den Hals des Ponys legen und das Halfter sortieren. Die beiden Riemen des Halfters zieht man über die Nasenpartie des Ponys. Den längeren Riemen – er trägt die Schnalle auf der linken Seite – zieht man über die Ohren. Anschließend wird das Halfter geschlossen. Dabei darauf achten, dass der Karabiner in den oberen Ring eingehakt wird! Kurz noch ein prüfender Blick, ob nicht versehentlich ein Ohr eingeklemmt wurde, und dann geht es Richtung Weidetor.

Der Reiter geht auf die Schulter- oder Kopf-partie des Ponys zu.

Das Halfter wird sortiert. Der Reiter stellt fest, wo oben und unten ist.

Das Halfter wird über den Kopf des Ponys gezogen und geschlossen.

Einfacher ist es, sein Pferd aus der Box zu holen. Schließlich kann es hier nicht einfach davonlaufen. Man öffnet die Boxentür behutsam und begrüßt das Pony. Wendet es sich mit gespitzten Ohren dem Reiter zu, kann er eintreten und vorsichtig das Halfter anlegen.

Das Pony führen

Führt man sein Pferd von der Weide oder aus dem Stall, läuft man auf Schulterhöhe mit. Die rechte Hand greift zwei Handbreit unter dem Kinn nach dem Führstrick. Das restliche Ende des Stricks wird in Schlaufen gelegt und von der linken Hand gehalten. Zwischen Reiter und Pferd sollte ein Abstand von etwa einer Armlänge sein. Keinesfalls darf der Strick um die Hand gewickelt werden, denn selbst kleine Ponys sind sehr stark. Wenn sie versuchen sich loszureißen, kann der Reiter verletzt werden.

Probleme beim Führen

Meistens laufen Pferde artig mit ihren Reitern mit. Doch aufgepasst! Will das Pferd den Kopf zum Fressen senken, sollte man kurz am Halfter ziehen und entschieden „Nein!" sagen. Faule Pferde muntert man mit „Los!" oder

Diese junge Reiterin geht ihrem Pony voraus. Gelassen folgt es.

„Vorwärts!" auf, vorwärts zu gehen. Sehr faulen Pferden tippt man mit der Gerte auf die Kruppe. Andere Pferde wiederum haben es sehr eilig. Durch ein kurzes Ziehen am Halfter erinnert man sie an die richtige Geschwindigkeit. „Langsam!" oder „Ruhig!" kann einen zappeligen Vierbeiner ebenfalls beruhigen.

Die Weide verlassen

Zum Verlassen der Weide nimmt der Reiter den Führstrick in die linke Hand. Mit der rechten Hand löst er die Verriegelung des Gatters und schiebt es auf. Dabei geht man in kleinen Schritten mit und fordert das Pferd auf zu folgen. Sobald das Pony das Gatter passiert hat, wird dieses wieder geschlossen und der Riegel sorgfältig vorgelegt. Sichert ein Elektrozaun die Weide, muss das Gerät ausgeschaltet werden, bevor man sein Pferd hinausführt. Von der Weide aus geht es im Gänsemarsch zum Stall. Dabei nicht zu dicht aufrücken! Ein Pony, das sich durch seinen Artgenossen belästigt fühlt, könnte nämlich ausschlagen.

Halfter

Damit der Mensch sein Pferd führen und „im Zaum halten" kann, hat er das Zaumzeug, auch Kopfstück genannt, erfunden. Das einfachste Zaumzeug ist das Stallhalfter, kurz Halfter genannt. In dieses Halfter können Stricke gehakt werden, mit denen man sein Pferd führt oder an einen Balken anbindet. Wer sein Pferd reiten will, benötigt ein Zaumzeug mit Zügeln. Damit kann man das Pferd lenken. In der Reitstunde werden meistens Trensenzäumungen verwendet. Das sind Kopfstücke, die mit einem Gebiss versehen sind (siehe Seite 20).

Putzen

Frei lebende Pferde kommen ohne die Pflege des Menschen bestens zurecht. Bei Juckreiz wälzen sie sich auf dem Boden oder reiben sich an einem Baum. Schlecht erreichbare Stellen werden von einem Herdenmitglied beknabbert. Im Stall gehaltene Pferde aber müssen jeden Tag von ihren Betreuern geputzt werden.

Sicher anbinden

Geputzt wird auf dem Putzplatz. Dort befinden sich gut befestigte Ringe oder Balken, an denen man sein Pferd anbinden kann. Beim Putzen trägt das Pferd ein Halfter. Mit dem

1 Hufkratzer
2 Kardätsche
3 In die Schlaufe der Kardätsche wird die Hand geschoben.

Führstrick wird es an den Ring angebunden. Etwa ein Drittel des Stricks überlässt man dem Pony.

Der Einsatz des Striegels

Am Anfang der Fellreinigung steht das Striegeln. Dabei wird das Fell grob gereinigt und gleichzeitig das Pferd massiert. Man

Ohren — Genick
Schopf — Mähne
Nüstern — Widerrist
Maul — Rücken
Schulter — Kruppe
Vorderfuß-wurzelgelenk — Schweif
Bauch — Sprunggelenk
Fessel — Huf

beginnt auf der linken Seite des Pferdes. Der Striegel wird oben am Hals angelegt und mit kräftigen, kreisenden Bewegungen über das Fell geführt. Bitte beim Putzen nicht den Hals unter der Mähne vergessen! Nach der linken Halsseite werden Rücken und Kruppe gestriegelt. Falls der Widerrist oder die Beine sehr schmutzig sind, geht man auch vorsichtig mit dem Gummistriegel zu Werk. Ein Metallstriegel sollte bei diesen sehr empfindlichen Körperstellen aber nicht eingesetzt werden. Der Striegel wird zwischendurch ausgeklopft. Ist die linke Seite des Pferdes gestriegelt, wendet man sich der rechten zu und beginnt auch dort die Arbeit wieder am Hals.

Mit der Wurzelbürste arbeiten

Hat man das ganze Pony kräftig gestriegelt, kommt die Wurzelbürste zum Einsatz. Mit ihr wird stärkerer Schmutz aus dem Fell gebürstet. Man nimmt die Wurzelbürste in die linke Hand und beginnt wieder links oben am Hals. Das Fell wird nun stets mit dem Strich gebürstet, also in der Richtung, in der die Haare liegen. Auch die Beine werden mit der Wurzelbürste gereinigt. Die Innenseiten der Beine bürstet man jeweils von der gegenüberliegenden Seite aus. So sieht man genau, wo noch Schmutz klebt. Nach jedem zweiten oder dritten Strich wird die Wurzelbürste am Striegel abgerieben, der in der rechten Hand liegt.

Reinigung mit der Kardätsche

Nachdem das Pferd mit der Wurzelbürste gereinigt ist, greift man zur Kardätsche. Sie nimmt den letzten Staub aus dem Fell und lässt es glänzen. Die Kardätsche wird immer in Fellrichtung über das Pferd geführt.

Mähne und Schweif pflegen

Schopf und kurze Mähnen werden mit dem Mähnenkamm gepflegt. Längeres Haar entwirrt man mit einer Wurzelbürste oder einer groben Haarbürste. Das Langhaar wird mit einer abgerundeten Schere gekürzt.
Der Schweif wird verlesen. Dazu stellen sich Rechtshänder am besten links neben das Pony und nehmen den Schweif in die linke Hand. Mit der rechten wird das Haar Strähne für Strähne entwirrt.

Ponys mit langem Mähnen- und Schweifhaar sowie dichtem Winterfell sind anstrengend zu putzen.

13

Kopf, Geschlechtsteile und After reinigen

Den Kopf sowie den Übergang von Genick und Ohren bürstet man sehr gründlich mit einer weichen Kopfbürste.

Augen und Nüstern werden wie Geschlechtsteile und After mit einem Tuch oder einem Schwamm gereinigt. Dazu sind zwei unterschiedliche Tücher/Schwämme notwendig, die man zum Schutz vor Verwechslung markiert. Die Tücher mit Wasser anfeuchten. Mit einem Tuch wischt man Augen und Nüstern aus, mit dem anderen reinigt man After und Weichteile.

Am Anfang der Fellreinigung steht das Striegeln. Dabei aber die empfindlichen Stellen wie Widerrist oder Hüftknochen aussparen.

Die Kardätsche wird nach jedem zweiten Strich am Striegel abgerieben.

Die Nüstern werden mit einem angefeuchteten Tuch oder einem Schwamm vorsichtig ausgewischt.

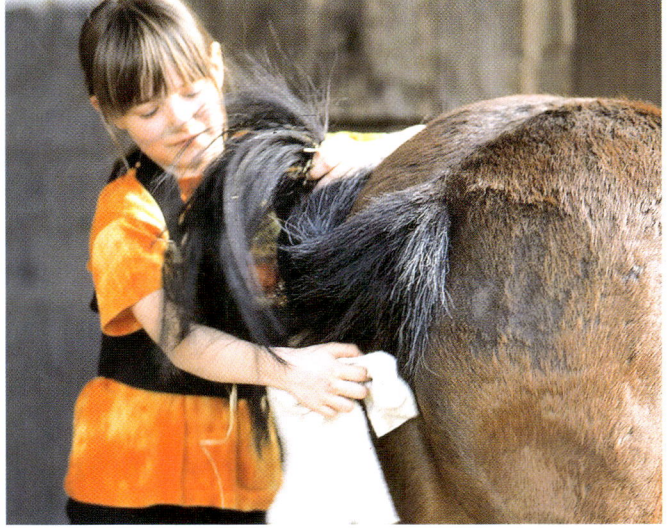

Von der Seite aus reinigt man den After. Den Schweif vorsichtig zur Seite nehmen, denn manche Ponys sind sehr empfindlich.

Hufe auskratzen

Die Hufe müssen sorgfältig mit dem Hufkratzer gereinigt werden. Am besten
beginnt man am vorderen, linken Huf.
Man stellt sich neben das Pferd und
blickt in Richtung Schweif. Die linke
Hand fährt innen am Bein hinunter.
Viele Ponys heben jetzt automatisch das
Bein an. Wenn nicht, einfach mit der flachen Hand gegen den Fesselkopf klopfen.
Sobald der Huf in der Luft ist, stützt man
ihn mit der linken Hand. Achtung, Abstand
halten und nicht mit dem Gesicht direkt an
den Huf gehen!
Nun entfernt man mit dem Hufkratzer den
Schmutz. Der Hufstrahl, das weiche V am
oberen Rand des Hufs, ist sehr empfindlich.
Deshalb bearbeitet man ihn mit möglichst
wenig Kraft, aber dennoch gründlich. Mit
einer Bürste wird restlicher Schmutz entfernt.
Bei Ponys, die ohne Eisen laufen, untersucht
man die weiße Linie nach eingetretenen Stein-
chen. Da sie mit dem Hufkratzer nur schlecht
zu entfernen sind, verwendet man für diese
Arbeit ein spitzes Messer. Bei beschlagenen
Ponys überprüft man die Hufeisen. Ist ein
Eisen locker, wird der Reitlehrer informiert.
Wenn der Huf sauber ist, setzt man ihn langsam wieder ab. Anschließend ist der Hinterhuf an der Reihe und auf diesen folgen die
beiden rechten Hufe.

Auf der Unterseite
der Hufe, der Sohle,
sammelt sich
Schmutz und
Mist – eine Brut-
stätte für Krank-
heitserreger!
Deshalb die
Hufe sorg-
fältig säubern!

KURZER CHECK

Ist das Pony auch wirklich sauber? Um sicherzu-
gehen, fährt man mit der flachen Hand über die Sattellage. Kleine Sandkörner spürt man dadurch leicht
auf. Auch an der Gurtlage und dem Kopf schadet ein
kurzer Check vor dem Aufzäumen nicht.

Offenstallponys putzen

Ponys, die sommers wie winters im Offenstall
leben, sollten nur beim Fellwechsel im Früh-
jahr intensiv geputzt werden. Ansonsten
reinigt man die Pferde eher sparsam von Sand
und Schmutz. So bleibt das körpereigene
Hautfett erhalten, das als wichtiger Schutz
vor der Witterung dient.
Vor dem Reiten müssen Sattellage und Kopf
geputzt werden, damit Sattel und Leder-
riemen nicht scheuern. Dichtes Mähnen- und
Schweifhaar wird gründlich durchgebürstet,
Stroh- und Grashalme werden entfernt.

Satteln

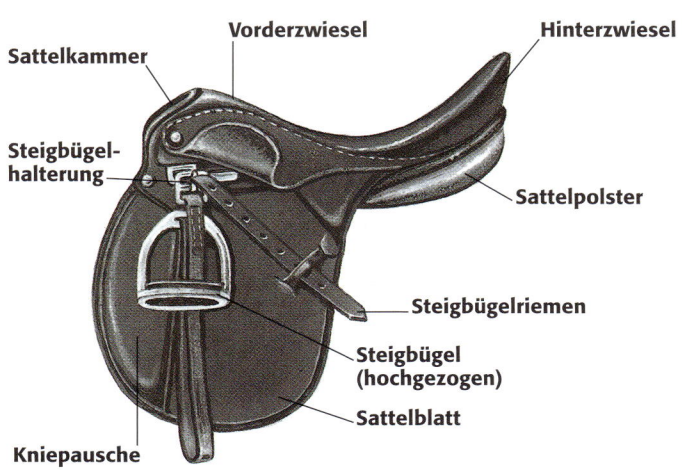

Sattelkammer

Vorderzwiesel

Hinterzwiesel

Steigbügel-
halterung

Sattelpolster

Steigbügelriemen

Steigbügel
(hochgezogen)

Sattelblatt

Kniepausche

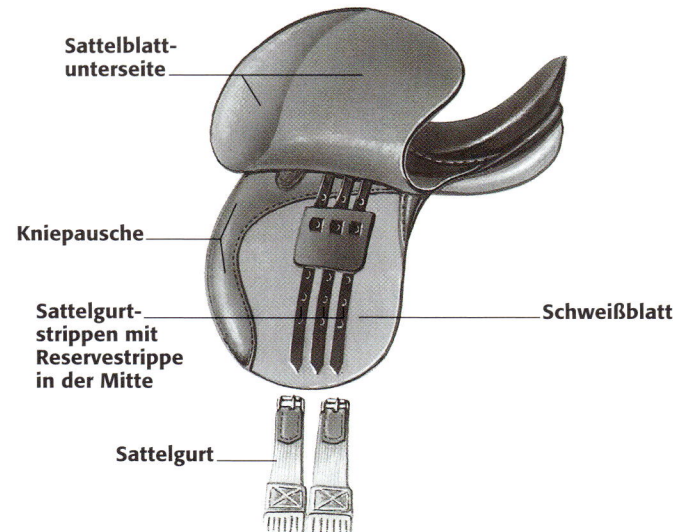

Sattelblatt-
unterseite

Kniepausche

Sattelgurt-
strippen mit
Reservestrippe
in der Mitte

Schweißblatt

Sattelgurt

Der Sattel erfüllt wichtige Aufgaben: Er gibt dem Reiter Halt und fängt heftige Bewegungen des Pferdes ab. Dank der Steigbügel, deren Länge zu verstellen ist, kann der Reiter verschiedene Sitzpositionen im Sattel einnehmen. Auch für das Pferd hat der Sattel große Vorteile, denn er verteilt das Gewicht des Reiters gleichmäßig auf seinem Rücken. So wird die Wirbelsäule des Pferdes entlastet.

In den Steigbügeln findet der Reiter bequemen Halt.

Der Sattel kann seine Aufgaben allerdings nur dann erfüllen, wenn er richtig auf den Pferderücken aufgelegt und korrekt verschnallt wird. Ansonsten verursacht er dem Pferd Unbehagen oder sogar Schmerzen.

Gurt und Steigbügel

Der Gurt hält den Sattel an Ort und Stelle. Er wird in die so genannten Gurtstrippen eingefädelt, die sich unter dem Sattelblatt befinden. Häufig anzutreffen sind Schnurengurte, die aus einzelnen Fäden gedreht sind. Im Kommen sind auch Gurte aus Neopren oder Leder. Sie haben den Vorteil, dass Haut und Fell beim Anziehen des Gurtes nicht eingeklemmt werden.

Zur weiteren Ausrüstung des Sattels gehören Steigbügel und -riemen. Sie sind für die Sicherheit des Reiters unbedingt notwendig. Gute Steigbügel sind schwer und bieten dem Fuß Platz. Die weißen Steigbügeleinlagen dienen als „Bremse" für den Stiefel.

Der Sattel wird von links auf den Rücken des Pferdes gelegt. Dann wird er mit dem Fellstrich einen Tick nach hinten gezogen, bis er richtig liegt.

Der Gurt wird vorsichtig heruntergelassen. Dabei achtet man darauf, dass die Schnallen nicht gegen die Pferdebeine schlagen. Anschließend geht es wieder zurück auf die andere Seite des Pferdes.

Der Gurt wird unter dem Bauch des Ponys durchgeführt. Anschließend fädelt man den Gurt durch den Riemen der Satteldecke. Um an die Sattelgurtstrippen zu kommen, hebt man das Sattelblatt an.

Der Gurt wird verschnallt. Am Anfang gurtet man nur so fest, dass der Sattel sicher auf dem Rücken liegt. Kurz darauf kann man meistens noch ein oder zwei Löcher nachgurten. Ein letztes Mal nachgegurtet muss werden, wenn der Reiter auf seinem Pferd sitzt.

Druckstellen

Durch faltig aufgelegte Decken, einen verdrehten Gurt oder einen schlecht sitzenden Sattel entstehen Druckstellen. Oft findet man sie am Widerrist, aber auch andere Stellen, auf denen der Sattel aufliegt, können verletzt werden. Anfangs bemerkt man nur einige abgebrochene Haare oder eine warme Stelle. Hält die Hautreizung länger an, entwickeln sich wunde Stellen. Spätestens jetzt sollte eine Reitpause eingelegt und die Ausrüstung überprüft und gegebenenfalls ausgetauscht werden. Haare, die an solchen Stellen nachwachsen, sind übrigens weiß.

Satteldecke

Zum Schutz des Sattels verwendet man Satteldecken. Sie bestehen meistens aus Baumwolle und es gibt sie in den Formen der verschiedenen Satteltypen. Die Satteldecke sollte etwa zwei Zentimeter unter dem Sattel hervorragen. Bei Turnieren und Vorführungen werden gerne größere, viereckige Satteldecken verwendet, die man Schabracken nennt. Sie sehen besonders elegant aus und können mit Namen oder Vereinsabzeichen bestickt werden.

Die Ausrüstung tragen

Vor dem Satteln müssen Sattel und Zaumzeug aus der Sattelkammer geholt werden. Man nimmt dazu das Zaumzeug vom Haken und hängt es sich um die Schulter. Das Stirnband zeigt dabei nach außen und die Schnalle der Zügel liegt oben. Nun hat man die Hände frei und kann nach dem Sattel und der darunter liegenden Decke greifen. Damit man auf dem Weg zum Putzplatz nicht über den Sattelgurt stolpert, legt man ihn über den Sattel.

Am Putzplatz angekommen, sucht man sich einen Platz außerhalb der Reichweite von knabbernden Ponyzähnen. Man kann Sattel und Zaumzeug beispielsweise auf dem Anbindebalken ablegen oder über eine Boxentür hängen. Stellt man den Sattel auf den Boden, sollte er auf den Vorderzwiesel gekippt werden. So steht er sicher und weder Decke noch Gurt können verschmutzen. Das Zaumzeug hängt man an einem Haken auf.

Sehr lebhafte Ponys werden nach dem Satteln ablongiert.

Die Sattelmodelle

Je nach Einsatzzweck unterscheidet die so genannte Englische Reitweise zwischen dem Dressursattel, dem Vielseitigkeitssattel und dem Springsattel.

Der Dressursattel soll dem Reiter helfen, einen tiefen Sitz zu entwickeln und mit einem „langen Bein" auf dem Pferd zu sitzen. Das Sattelblatt ist lang geschnitten, die Pauschen sind dünn und schmal.

Der Vielseitigkeitssattel hat ein kürzeres, abgerundetes Sattelblatt mit verstärkten Pauschen. Mit ihm kann man sowohl Dressur reiten als auch Springen. Die meisten Reitschulen verwenden diesen Sattel.

Der Springsattel besitzt ein kurzes Sattelblatt mit dicken Pauschen. Der Hinterzwiesel ist meist leicht abgerundet. Die Steigbügel werden kurz verschnallt und der Reiter sitzt mit stark gewinkeltem Bein auf dem Pferd.

Das Pferd satteln

Der Sattel wird von links auf das Pony gelegt, und zwar direkt am Widerrist. Dann schiebt man den Sattel ein kleines Stück zurück, sodass die letzten Mähnenhaare des Ponys zu sehen sind. Streicht man mit der Hand zwischen Sattelblatt und Schulter entlang, sollte man den Schulterknochen vor dem Sattelblatt spüren können. Wer unsicher ist, bittet seinen Reitlehrer um eine Kontrolle.

Die Satteldecke wird vorne etwas herausgezogen, damit sie nicht auf den Widerrist drückt. Diesen Vorgang nennt man Auskammern. Dann geht man auf die rechte Seite des Ponys und lässt den Gurt hinunter. Dabei gleich prüfen, ob die Decke glatt anliegt, und diese bei Bedarf glatt streichen.

Nun zurück auf die andere Seite. Den Gurt unter dem Bauch des Ponys herüberholen und so befestigen, dass zwei Finger zwischen Gurt und Fell Platz haben. Bitte darauf achten, dass der Gurt nicht verdreht ist und die Haut des Pferdes nicht eingeklemmt wird.

Da viele Pferde das Angurten als unangenehm empfinden, geht man schrittweise vor. Nach dem ersten Angurten kann man das Zaumzeug anlegen. So findet das Pony Gelegenheit, sich an den Gurt zu gewöhnen. Anschließend muss nochmals nachgegurtet werden – in manchen Fällen bis zu vier Mal. Sicher ist es verlockend, den Gurt nur von der linken Seite anzuziehen. Da aber die Gurtstrippen auf beiden Seiten des Sattels gleich viele Löcher haben, sollten sie auch gleichmäßig beansprucht werden.

Zäumen

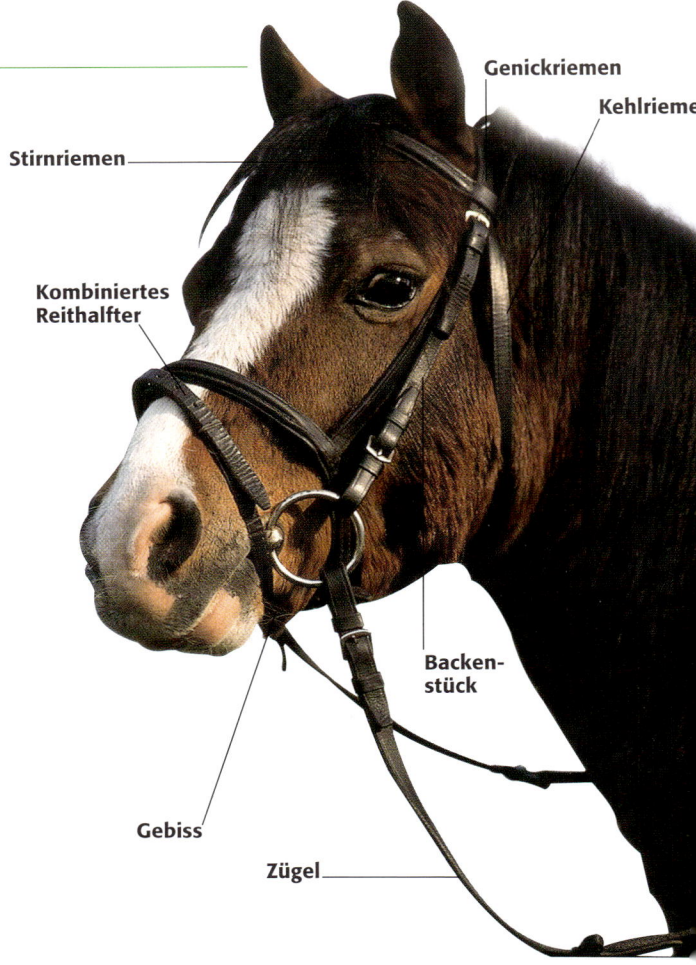

Genickriemen
Kehlrieme
Stirnriemen
Kombiniertes Reithalfter
Backen-stück
Gebiss
Zügel

Zum Reiten tauscht man das Stallhalfter gegen eine Trensenzäumung aus. Sie besteht aus Kopfstück, Reithalfter, Gebiss und Zügeln. Damit kann der Reiter das Pferd kontrollieren und ihm seine Wünsche mitteilen. Beim Anlegen dieser Teile muss sehr sorgfältig gearbeitet werden.

Das Kopfstück

Alle ledernen Riemen, die am Kopf des Ponys verschnallt werden, fasst man unter dem Namen „Zaumzeug" oder „Kopfstück" zusammen. Dazu gehören der Genickriemen, die Backenstücke und der Stirnriemen. Der Genickriemen ist neben den beiden Backenstücken das wichtigste Teil einer Trensenzäumung. Er hält das Gebiss an Ort und Stelle. Der Stirnriemen, der meist hübsch verziert ist, sitzt vorne auf der Stirn. Er verhindert, dass der Genickriemen auf den Hals rutscht. Ein

Es gibt einfach gebrochene und doppelt gebrochene Gebisse. Diese Wassertrense besteht aus zwei Schenkeln, die durch ein Gelenk miteinander verbunden sind.

lederner Riemen, der um die Nase des Ponys geführt wird, heißt Reit- oder Sperrhalfter. Er soll dem Pony das Aufsperren des Mauls erschweren. Bei unangenehm heftigen Paraden öffnet ein Pony nämlich gern das Maul, um dem Druck des Gebisses auszuweichen. Das Reithalfter ist aber kein Freibrief für grobe Hilfen oder gedankenloses Verschnüren. Korrekt eingesetzt ist es ein wertvoller Helfer.

Das Gebiss

Das so genannte Gebiss, auch Mundstück oder Trense genannt, besteht aus Metall, Gummi oder Leder. Es wird dem Pferd ins Maul gelegt, und zwar auf den zahnlosen Teil des Unterkiefers, die so genannten „Laden". Das Gebiss wird von den Backenstücken des Zaumzeugs

Die linke Hand legt das Gebiss ins Maul. Dabei achtet man darauf, dass das Mundstück nicht gegen die Zähne schlägt.

Mit der rechten Hand wird das Kopfstück über die Ohren geführt.

gehalten. Es sitzt korrekt, wenn sich links und rechts am Maulwinkel kleine Falten bilden. Es gibt einfach gebrochene und doppelt gebrochene Gebisse. Ein einfach gebrochenes Gebiss besteht aus zwei Schenkeln, die durch ein Gelenk verbunden sind. Pferdefreundlicher sind doppelt gebrochene Gebisse mit zwei Gelenken. Sie klappen in der Mitte nicht zusammen. Wenig gebräuchlich sind Gebisse, die kein Gelenk haben.

Reiter sollten ruhig mal ausprobieren, wie das Gebiss auf das Pferdemaul wirkt! Das geht ganz leicht! Man nimmt eine Wassertrense in die Hand und zieht gleichzeitig an beiden Zügeln. Nun spürt man, wie beide Schenkel

Die Schnallen der Riemen werden geschlossen.

des Gebisses zusammenklappen. Dieses Zusammenklappen wird Nussknacker-Effekt genannt. Für das Pferd kann es sehr schmerzhaft sein, wenn das Gebiss zusammenklappt. Der Knochen des Unterkiefers ist nämlich nur durch die Maulschleimhaut geschützt. Außerdem kann das Gelenk, das die Gebissteile verbindet, nach oben schlagen und dabei den Gaumen verletzen.

Die Zügel

Die Zügel sind die Verbindung zwischen Pferdemaul und Reiterhand. Durch sie wirkt der Reiter direkt auf das Gebiss ein. Nimmt er die Zügel stärker auf, erhöht sich der Druck auf die Laden. Dadurch wird das Pony aufmerksam gemacht.

Die Zügel werden in die großen Ringe des Gebisses eingeschnallt. An den Zügeln befinden sich in Abständen kleine Stege. Sie dienen dem Reiter zur Kontrolle, ob er die Zügel gleich lang hält, und verhindern, dass sie ihm durch die Hand rutschen. Im Unterricht werden meist Gurtzügel aus Stoff verwendet, die sich sehr gut greifen lassen. Darüber hinaus gibt es Zügel aus glattem oder geflochtenem Leder sowie aus Hartgummi.

Das Pony auftrensen

Der Reiter stellt sich links neben das Pony. Die Zügel der Trensenzäumung führt man über den Kopf des Ponys und legt sie hinter dem Genick ab. So stellt man sicher, dass das Pony nicht einfach spazieren geht. Nun wird das Stallhalfter ausgezogen. Dieses bitte nicht einfach auf den Boden werfen, sondern an einem Haken aufhängen.

Die rechte Hand greift nun von unten um den Ponykopf herum. Sie hält das Kopfstück und führt es langsam nach oben. Die linke Hand nimmt das Gebiss und hält es vor das Maul. Die meisten Ponys öffnen das Maul artig und lassen sich das Gebiss hineinlegen. Das Kopfstück kann nun weiter nach oben, über die Ohren gezogen werden.

Ein letzter prüfender Blick, ob alles richtig sitzt. Da dieses Pony ohne Reithalfter geritten wird, wurde ein kleiner Riemen unten um die Trensenringe geführt. Dieser verhindert, dass das Gebiss durch das Maul gezogen wird.

Die Kandare

Eine Trense wirkt hauptsächlich durch Druck auf die Laden und Maulwinkel. Anders bei der Kandare. Hier kommen zusätzlich Hebelkräfte zum Einsatz. Eine Dressurkandare hat statt der großen Ringe zwei Schenkel. Das Mundstück besteht aus einem festen Teil, dessen Form einem H ähnelt. Um das Kinn des Pferdes herum wird eine Kette geführt. Sie wird links und rechts im oberen Teil der Schenkel eingehakt. Nimmt man nun die Zügel auf, so entsteht eine Hebelwirkung. Die Kräfte der Reiterhand wirken nicht nur auf das Maul, sondern auch auf das Kinn und das Genick. Korrekt eingesetzt wird eine Kandare mit einer dünneren Unterlegtrense.

Bei der Zäumung auf Dressurkandare kommt ein englisches Reithalfter zum Einsatz.

Weigert sich das Pony, das Maul zu öffnen, so greift die linke Hand in der Höhe des Mundwinkels ins Maul. Dort ist eine Zahnlücke. Drückt man vorsichtig auf diese Stelle, öffnet das Pony das Maul. Manche Ponys versuchen

Eine Trense mit kombiniertem Reithalfter hat viele Schnallen. Ist man sich nicht sicher, ob man die richtigen Löcher gefunden hat, sollte man sich die Trense einmal genau ansehen. Meistens sind nämlich die Löcher, die immer benutzt werden, leicht ausgeleiert.

sich dem Gebiss zu entziehen, indem sie den Kopf heben. Hier spielt die rechte Hand „Aufpasser". Sobald der Kopf nach oben ausweicht, drückt die Hand auf das empfindliche Nasenbein: Nun gibt das Pony nach.

Liegt die Zäumung an Ort und Stelle, ordnet man den Schopf und kontrolliert, ob die Ohren sichtbar sind. Sie dürfen nicht eingeklemmt sein. Anschließend müssen die einzelnen Schnallen geschlossen werden. Man beginnt mit der obersten Schnalle, sie gehört zum Kehlriemen. Zwischen Riemen und Kehle sollte etwa eine Faust Platz haben. Zuletzt wird das Reithalfter verschnallt.

Bevor man nun zum Reitplatz geht, sieht man das Pony noch einmal von vorne an und kontrolliert, ob die Zäumung auch richtig sitzt. Gerade dem Reithalfter sei hier ein kritischer Blick gegönnt. Verläuft der Riemen auf der rechten Seite ebenso wie auf der linken?

Versorgung nach dem Reiten

Fahrräder und Skateboards kann man nach Gebrauch in die Ecke stellen. Ein Pony nicht. Nach der Reitstunde hat es unsere Aufmerksamkeit genau so verdient wie vorher.

Bei einem kurzen Check der Beine kann man Verletzungen ausmachen.

Absatteln
Sobald man absitzt, werden die Steigbügel nach oben gezogen und der Sattelgurt um ein oder zwei Löcher gelockert. Die Zügel werden übergeschlagen und in die rechte Hand genommen. So führt man das Pony zurück zum Sattelplatz. Dort angekommen löst man zuerst die Riemen des Reithalfters und anschließend den Kehlriemen. Nun zieht man das Kopfstück langsam herunter. Das Stallhalfter wird wieder angelegt und das Pony angebunden. Das Gebiss wäscht man unter dem Wasserhahn ab. Das Leder darf dabei aber nicht nass werden! Jetzt wendet man sich dem Sattel zu. Auf der linken Seite löst man den Gurt vollständig. Auf der rechten Seite lässt man die Schnallen bis ins letzte Loch gleiten. Dann legt man den Gurt über die Sitzfläche. Ist alles an Ort und Stelle, kann man den Sattel von der linken Seite aus herunterziehen. Sattel und Zaumzeug werden in der Sattelkammer aufgeräumt.

Hufe auskratzen und Beine prüfen
Da sich beim Reiten gerne Schmutz in den Hufen festsetzt, müssen diese nochmals ausgekratzt werden. Dabei tastet der Reiter auch die Beine seines Ponys ab. So kann er Schwellungen und Verletzungen frühzeitig erkennen. Zum Schluss geht man mit der weichen Bürste noch einmal über das Fell.

Der Sattel wird vom Pony gezogen und auf den Unterarm gelegt.

Das Pony waschen

An warmen Sommertagen lässt sich jedes Pony gerne waschen. Voraussetzung dafür ist, dass das Pony abgekühlt ist! Man nimmt einen nassen Schwamm oder den Wasserschlauch und wäscht zunächst die Beine ab, dann kommen Hals und Flanken an die Reihe. Der Kopf wird mit einem feuchten Schwamm gereinigt. Anschließend das Wasser mit einem Schweißmesser abziehen. Zum Schluss legt man eine Abschwitzdecke auf das Pony und führt es herum, bis es trocken ist.

Voltigieren

Die Voltigiergruppe

Ausdauer ist eine der wichtigsten Eigenschaften des Voltigierpferdes.

Voltigieren ist ein Gruppensport. Mädchen und Jungen kümmern sich gemeinsam um das Pferd, üben miteinander und helfen sich gegenseitig. Gemeinsame Erlebnisse, in der Gruppe gelöste Probleme und das gemeinsame Pferd stärken den Zusammenhalt. Die Gruppe gibt dem Einzelnen Sicherheit, andererseits trägt der Einzelne Verantwortung für die Gruppe. Wer sich für Pferde begeistert, Turnen liebt, gerne mit anderen Kindern zusammen ist und Verantwortung tragen kann, der wird sich in der Voltigiergruppe wohl fühlen.

Der Voltigierausbilder
Das Haupt der Voltigiergruppe ist der Ausbilder. Er trägt die Verantwortung für das Pferd und die Schüler. Er muss sie für die Arbeit mit dem Pferd begeistern können, aber auch ein offenes Ohr für ihre Probleme haben. Er kümmert sich um die Ausbildung und Pflege des Voltigierpferdes, organisiert Turnierbesuche und berät die Eltern.

Der Longenführer
Bei den Übungsstunden steht der Ausbilder meist als Longenführer in der Mitte des Zirkels. Dabei muss er das Voltigierpferd im Griff haben, gleichzeitig aber auch seine Schüler im Auge behalten.

Auch die jüngsten Voltigierer können Aufgaben übernehmen.

Die Voltigierausrüstung

Die Ausrüstung für den Turner sollte zweckmäßig und bequem sein. Für die erste Zeit genügt eine einfache Turnhose oder Leggings. Im Sommer trägt man dazu ein T-Shirt, in der kühleren Jahreszeit einen Pullover. Über die Füße zieht man Gymnastikschuhe. Für den Winter kauft man sich Gymnastikschuhe, die eine Nummer größer sind als eigentlich notwendig. So kann man ein dickes Paar Socken tragen, das die Füße warm hält.

Die Voltigierschüler

Eine Voltigiergruppe besteht aus Schülern unterschiedlicher Altersklassen. Oft werden Kinder ab dem fünften Lebensjahr dort aufgenommen. Wichtig ist, dass sie mit den Händen den inneren Griff des Voltigiergurts erreichen. Nur dann kommen sie auch auf das Pferd. Die Gruppe sollte nicht mehr als zwölf Schüler haben, denn schließlich wird nur mit einem Pferd trainiert. Ist die Gruppe zu groß, wird die Zeit, die jeder einzelne Schüler auf dem Pferd verbringen kann, sehr kurz.

Das Voltigierpferd

Voltigierpferde müssen viele Anforderungen erfüllen. Tagtäglich haben sie mit vielen Kindern zu tun, werden von zahllosen Händen angefasst und müssen schwerste Arbeit leisten. Geduld, Gelassenheit und Ausdauer stehen deshalb am Anfang einer Wunschliste für das Voltigierpferd. Wichtig ist auch, dass der vierbeinige Übungspartner im Rücken- und Flankenbereich möglichst unempfindlich ist. So erträgt er ungeschickte Sprünge in den Rücken oder kitzelnde Füße und Hände besser. Damit den Turnern die Übungen gut gelingen, sollte das Voltigierpferd gleichmäßig und rund galoppieren.

Das Übungspferd

Der treue Helfer des Voltigierpferds ist Max – oder wie immer ihn seine Gruppe nennt. Dieses Übungspferd hat große Vorteile gegenüber seinem Artgenossen aus Fleisch und Blut: Es spürt keine Schmerzen und steht immer still. Es verzeiht einen ungeschickten Aufsprung ebenso wie spitze Knie, die sich in die Polsterung bohren. Sagenhaft ist seine Geduld: Kein Zappeln oder müdes Schnauben zeigt, dass da jemand keine Lust mehr hat.

Auf dem Übungspferd kann man Gruppenübungen gut einstudieren.

Das Voltigierpferd vorbereiten

Vor der Voltigierstunde treffen sich alle Turner, um ihr Pferd vorzubereiten. Es muss geputzt und aufgezäumt werden. Natürlich darf auch der Voltigiergurt nicht fehlen. Alle Voltigierer helfen bei diesen Arbeiten.

Bandagen oder Gamaschen anlegen

Ist das Pferd geputzt (siehe Seite 12 – 15), legt man die Bandagen oder Gamaschen an. Gamaschen werden mit Klettverschlüssen geschlossen. Problematischer ist es, Bandagen anzulegen: Sind sie nämlich zu stramm gewickelt, wird das Blut gestaut. Sind sie zu locker, rutschen sie. Am besten übernimmt das Bandagieren daher der Longenführer.

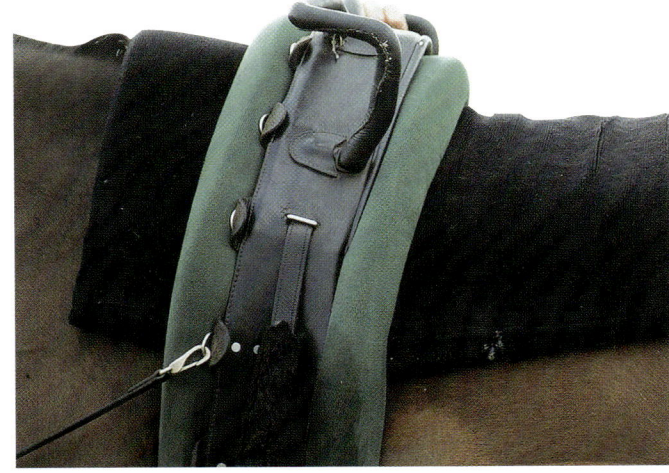

Der Voltigiergurt ist das wichtigste Hilfsmittel der Turner.

Den Voltigiergurt anlegen

Die Voltigierer holen den Gurt und die anderen Ausrüstungsstücke. Als Erstes wird das dicke Pad von links auf die Mitte des Pferderückens gelegt. Das Pad darf eine knappe Handbreit der Mähne verdecken. Liegt das Pad, holt man den etwas steifen Voltigiergurt. Auch er wird von der linken Seite des Pferdes aus aufgelegt, muss aber knapp hinter dem Widerrist, in der Sattellage, zu liegen kommen. Zwischen Bauchgurt und Fell wird eine zusätzliche Polsterung, die Gurtunterlage, gelegt. Dann wird der Gurt abwechselnd von der linken und rechten Seite aus verschnallt.

Zäumung und Ausbinder

Nachdem der Gurt aufgelegt wurde, wird das Voltigierpferd aufgezäumt (siehe Seite 20). Nach dem Aufwärmen werden die Ausbinder (siehe Kasten rechts) eingeschnallt.

Bandagen oder Gamaschen unterstützen die Beine bei ihrer Arbeit. Oft werden Vorder- und Hinterbeine bandagiert.

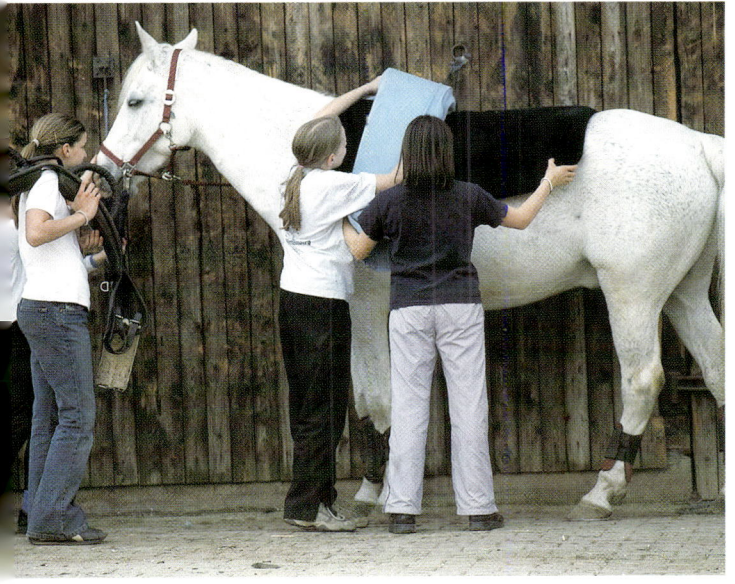

Beim Anlegen der Ausrüstung helfen alle Voltigierer mit.

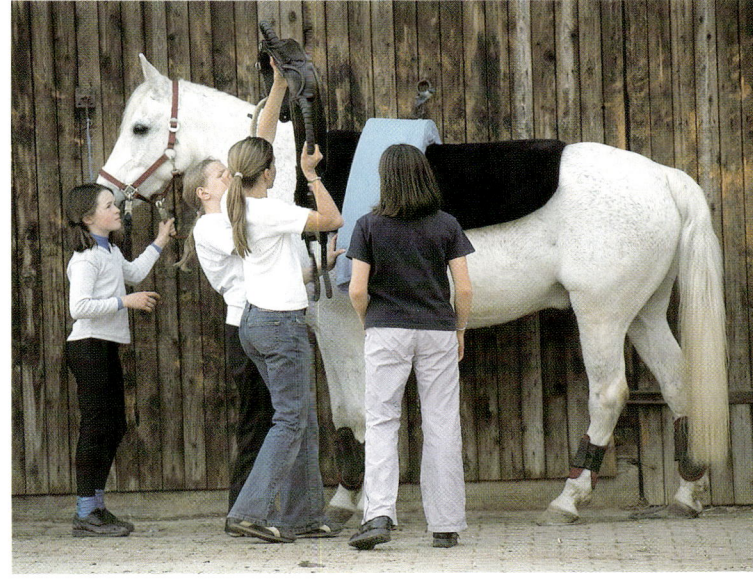

Achtung! Das Pad darf beim Auflegen des Gurts nicht verrutschen.

Nach dem Voltigieren

Am Ende der Voltigierstunde nehmen die Turner ihrem Pferd die Trense ab und legen ihm das Stallhalfter um. Der Voltigiergurt wird abgenommen. Dazu lockert man den Bauchgurt auf der rechten Seite und öffnet die Schnallen auf der linken. Dann zieht man den Gurt von der linken Seite aus herunter. Das Pad wird abgenommen und zusammen mit der Gurtunterlage zum Trocknen ausgelegt. Zum Schluss wird das Voltigierpferd von seinen Bandagen befreit. Hierfür die Bändchen

öffnen und die Bandagen aufwickeln. Damit sie beim nächsten Mal wieder einsatzfähig sind, achtet man darauf, dass sie keine Falten werfen. Die Gamaschen werden abgenommen. Bevor man sie wieder verstaut, bürsten die Voltigierer sie gründlich ab.

Voltigierpferde werden meist auf Wassertrense mit Reithalfter gezäumt.

Ausbinder

Voltigierer haben keine Zügel. Damit das Pferd aber auch an der Longe in Stellung und Biegung geht, kommen Ausbinder zum Einsatz. Diese Hilfszügel (siehe Seite 76) werden links und rechts vom Sattelgurt in die Trensenringe eingeschnallt. Die Ausbinder sind korrekt verschnallt, wenn der Kopf des Ponys leicht vor der Senkrechten ist. Dem Pony bleibt die Möglichkeit, seinen Kopf bis zu einem gewissen Grad nach unten oder oben zu nehmen.

Auf- und Absprung

Die Voltigierstunde hat begonnen. Bis man auf den Rücken des Pferdes gelangt, ist allerdings einige Übung notwendig. Und sitzt man erst einmal dort oben, hat man meist ein komisches Gefühl. Ein bis zwei Runden bleiben dem Turner, um sich an das Ganze zu gewöhnen, dann geht es wieder hinunter.

Aufwärmen muss sein

Am Anfang jeder Voltigierstunde müssen sich Turner und Pferd aufwärmen. Das Voltigierpferd wird dazu im Schritt und Trab ohne Ausbinder gelöst. Zum Einstieg für die Voltigierer finden meistens ein paar Laufrunden in der Halle statt. Dadurch werden die Muskeln aufgewärmt und die Gelenke „geschmiert". Nach dem Aufwärmen folgen Gymnastik- und Geschicklichkeitsübungen.

Diese Turnerin packt den unteren Griff und zieht sich an ihm hoch.

Aufsprung in den Vorwärtssitz

Der Aufsprung in den Vorwärtssitz wird zunächst am Übungspferd, dann im Stehen, im Schritt und schließlich im Galopp geübt. Generell gilt: Je nach Körpergröße können Schlaufe und Griff, der untere Griff oder beide Griffe genutzt werden. Kleine Turner zum Beispiel ergreifen mit der linken Hand die Schlaufe und mit der rechten den unteren Griff. Beim Aufsprung stößt man sich kräftig mit beiden Beinen ab und zieht sich mit den Armen nach oben auf den Pferderücken.

Aufsprung im Galopp

Kennt man den Bewegungsablauf, geht es an den Aufsprung im Galopp. Die Turner stehen dazu neben dem Longenführer, und zwar auf der Seite, auf der er die Peitsche hält. Da sich das Pferd auf einer großen Kreislinie bewegt, muss sich der Longenführer mitdrehen. Die Kinder an seiner Seite folgen ihm im Kreis. So wird der Longenführer nicht in seiner Arbeit behindert und kann sich voll und ganz auf das

Mit einem kraftvollen Sprung geht es auf das Pferd.

Der Schwung des Pferdes „nimmt die Turnerin mit".

Pferd konzentrieren. Der Turner, der zum Aufsprung startet, bückt sich, läuft unter der Longierpeitsche durch und an der Longe entlang zum Pferd. Schon jetzt sollte er mit dem Pferd mitgaloppieren. Ist er auf der Höhe der Schulter angelangt, kann er die Griffe oder Schlaufen fest umfassen. Nun galoppiert der Turner einen oder zwei Galoppsprünge mit und stößt sich dann mit geschlossenen Beinen ab. Das rechte Bein gleich darauf deutlich nach oben strecken! Der Oberkörper wird leicht gesenkt, das Gesicht zeigt dabei für einen Augenblick nach unten. Mit den Armen zieht man sich auf den Pferderücken.

Bei der Landung sollten die Beine geschlossen sein.

Absprung

Es gibt verschiedene Möglichkeiten, vom Pferd zu springen. Anfänger springen am besten nach innen ab. Dazu führt man das äußere Bein über den Hals des Pferdes und lässt dabei die Griffe kurz los. Aufgepasst! Man blickt weiterhin in Bewegungsrichtung, obwohl beide Beine an der Innenseite liegen. Der ganze Körper benötigt eine gewisse Spannung, der Turner sitzt gerade und aufrecht auf dem Pad. Nun drückt er sich ab und bereitet sich auf die Landung vor. Die Beine geschlossen halten und bei der Landung den Schwung in den Knien abfedern! Die Arme kann man zur Seite ausstrecken. Nach der Landung läuft der Turner in Bewegungsrichtung aus und verlässt den Zirkel, ohne den Longenführer oder das Pferd zu behindern. Anschließend kehrt er zur wartenden Gruppe zurück.

Erste Übungen

Auf dem Pferderücken kann man herrlich turnen! Am besten probiert man zuerst leichtere Übungen aus. Wenn sie gelingen, wagt man sich an neue Figuren heran.

Grundsitz

Für den Grundsitz setzt man sich schwer auf das Pad und streckt die Zehenspitzen nach unten. Die Arme winkelt man an, die Hände werden in die Hüften gestemmt. Als fortgeschrittener Turner streckt man die Arme bis auf Augenhöhe aus. Die Handflächen müssen nach unten zeigen, die Finger sind gestreckt und geschlossen.

Quersitz

Vom Grundsitz aus führt man das gestreckte rechte Bein über den Pferdehals. Die Griffe muss man dazu kurz loslassen. Nun sitzt man aufrecht und blickt zum Longenführer. Die rechte Hand bleibt am Griff. Die Beine liegen am Pferd an und der linke Arm wird in Augenhöhe zur Seite gestreckt. Danach geht es zurück

Im Schritt traut man sich schon bald in den Grundsitz zu gehen.

in den Grundsitz. Jetzt führt man die Übung in die andere Richtung aus. Übrigens, wenn man nach innen sitzt, spricht man vom Innenquersitz, sitzt man nach außen, handelt es sich um den Außenquersitz.

Darüber hinaus gibt es noch den Seitsitz. Bei dieser Übung sitzt der Voltigierer gedreht, mit Blick in Richtung Pferdeohren. Je nachdem, ob man nach innen oder außen sitzt, wird auch vom Innen- bzw. Außensitz gesprochen.

Bank und Knien

Die Übung „Bank" beginnt man aus dem Grundsitz heraus. Der Voltigierer führt beide Beine schwungvoll nach hinten auf den Pferderücken. Vom Knie bis zur Zehenspitze liegen die Beine flach an. Mit den Armen stützt man sich am Gurt ab. Die Augen blicken in Richtung Pferdeohren. Aus der Bank heraus kann man zum Knien übergehen. Der Oberkörper wird dafür aufgerichtet und die Arme zur Seite ausgestreckt.

Schwierigere Übungen probiert man zuerst am besten auf dem stillstehenden Pferd aus.

Liegestütz

Von der Bank aus kann man gut in den Liegestütz wechseln. Dazu stützt man sich mit den
Armen kräftig an den Griffen ab, dann legt
man das rechte Bein auf die Kruppe. Das linke
folgt und wird neben dem rechten abgelegt.
Die gestreckten Füße liegen flach auf. Die
Zehenspitzen dürfen sich keinesfalls in den
Pferderücken bohren. Um die Übung zu halten, ist eine enorme Körperspannung erforder-
lich. Zur Beendigung des Liegestützes klappt
man wie ein Taschenmesser zusammen. Die
Klappbewegung darf nur in der Hüfte erfol-
gen, Oberkörper und Beine bleiben gestreckt.
Das Gesäß wird dazu nach oben geführt und
die gestreckten Beine rutschen wieder zurück
in den Grundsitz.

Fortgeschrittene trainieren den Liegestütz im Trab und im Galopp.

Wer sich schon recht sicher fühlt, übt das Knien im Schritt.

Geschichte des Voltigierens

Die Geschichte des Voltigierens reicht bis in die Anfänge
der Reiterei zurück. Schließlich war es für die Reiter-
krieger wichtig, mit einem Sprung schnell auf das Pferd
zu kommen und sich darauf gewandt zu bewegen.
Auch die Kavallerie des 19. und 20. Jahrhunderts übte
das Voltigieren. Jedoch beschränkte sie sich meist auf
den Sprung auf ein stehendes Pferd.
Voltigieren diente aber nicht nur kriegerischen Zwecken.
Seit dem 18. Jahrhundert zogen turnende Reiter die
Menschen in den Zirkus. Anfang des 20. Jahrhunderts
erregte der „Seidel'sche Kinder-Zirkus" Aufsehen. Dabei
handelte es sich um eine Gruppe Kinder, die bei Reit-
turnieren ihre Kunststücke auf dem Pferd zeigte. Alle diese
Kinder stammten aus vornehmen Familien Hannovers.
Erst Mitte des 20. Jahrhunderts entwickelte sich das
Voltigieren zum Wettkampfsport. 1963 fand die erste
Deutsche Meisterschaft der Voltigiergruppen statt und
1981 erkannte der internationale Pferdesportverband
das Voltigieren als Disziplin an. So kann man heute in
der Gruppe, als Zweierteam oder als Einzelvoltigierer an
den verschiedensten Wettkämpfen teilnehmen und sein
Können unter Beweis stellen.

Die Pflichtübungen

Wer an einer Voltigierprüfung teilnehmen möchte, muss die sechs Pflichtübungen beherrschen. Das sind Grundsitz (siehe Seite 32), Fahne, Mühle, Schere, Stehen und Flanke. Kraft und Können sind gefragt, will man diese Übungen perfekt vorturnen.

Fahne

Für die Fahne geht man zunächst in den Grundsitz. Aus diesem heraus kniet man sich auf den Pferderücken. Die Unterschenkel liegen möglichst flach am Pad an. Mit beiden Händen hält man sich an den Griffen fest. Nun führt man das rechte Bein gestreckt nach hinten oben. Fortgeschrittene strecken gleichzeitig mit dem rechten Bein den linken Arm aus. Zur Beendigung der Übung hält man sich wieder am Gurt fest. Das Bein wird langsam heruntergenommen und dann rutscht man zurück in den Grundsitz.

Bei der Mühle dreht sich der Reiter einmal um sich selbst.

Mühle

Bei der „Mühle" genannten Übung führt der Turner eine Drehung auf dem Pferderücken aus. Für jeden der vier Übungsteile hat er zwei Galoppsprünge Zeit.

Zur Ausführung der Mühle geht man vom Grundsitz in den Innensitz (siehe Seite 32). Der Turner führt dazu sein äußeres Bein über den Hals des Pferdes nach innen und sitzt anschließend Richtung Longenführer. Dabei blickt er aber zu den Pferdeohren. Aus dem Innensitz heraus führt er das linke gestreckte Bein hoch über die Kruppe zum Rückwärts-

Unterschenkel und Fuß liegen bei der Fahne flach auf dem Pad.

> **ATMEN NICHT VERGESSEN!**
>
> Vor lauter Konzentration vergisst man nur zu gerne das Atmen. Deshalb immer wieder bewusst ein- und ausatmen. Gerade bei Übungen wie Mühle oder Schere sollte man die kurze Pause zwischen den Abschnitten zum Luftholen nutzen.

Die Schere: Am höchsten Punkt werden die Beine gekreuzt.

Bei der Ausführung der Schere bleiben die Beine immer gestreckt.

Schere

Die Schere erfordert Schwung und Kraft. Aus dem Grundsitz heraus schwingt man die Beine kraftvoll nach vorne oben in Richtung Pferdeohren. Anschließend führt man die Beine nach hinten oben und überkreuzt sie über der Kruppe. Dabei wird das linke Bein über das rechte geführt. Durch den Schwung schwebt man einen Moment lang in der Luft und kann währenddessen die Hüfte nach innen drehen. Nachdem der Voltigierer wieder sitzt, greift er mit den Händen um. Wer möchte, kann nun abspringen. Hierzu schwingt man die Beine nach oben und führt eine halbe Drehung nach innen aus. Mit den Armen drückt man sich dabei nach oben ab und landet in Laufrichtung des Pferdes. Fortgeschrittene können die Schere zurück in den Grundsitz üben. Man kreuzt dazu die Beine schwungvoll. Das linke, äußere Bein wird dabei über das rechte Bein geführt und der Turner dreht die Hüfte. Während des Einsitzens greift er mit den Händen um und landet wieder im Grundsitz.

Nach der Schere zurück landet man wieder weich auf dem Pferd.

sitz. Beide Hände bleiben am Gurt, der Turner blickt nach hinten. Das rechte Bein folgt kurz darauf und schon befindet sich der Turner im Außensitz. Zum Abschluss wird noch das rechte Bein über den Hals geschwungen. Dazu die Griffe kurz loslassen.

Knie beugen! So kann man die Bewegung des Pferdes abfangen.

Fortgeschrittene Voltigierer nehmen im Stehen die Arme zur Seite.

Stehen

Wer auf dem Pferderücken knien kann, hat normalerweise kaum Probleme, darauf auch zu stehen. Die schwungvollen Bewegungen des Pferdes lassen sich ausgezeichnet mit Hüfte, Knien und Fußgelenken abfangen. Allein die ungewohnte Höhe kann für so manchen Turner zur Herausforderung werden. Und so wird die Übung geturnt: Vom Knien (siehe Seite 32) aus geht der Voltigierer in die Hocke, die Fußsohlen ruhen links und rechts von der Wirbelsäule des Pferdes. Sobald man das Gleichgewicht gefunden hat, lässt man die Griffe los und richtet sich auf. Dabei die Knie nicht durchdrücken, sondern leicht anwinkeln und stets mit den Bewegungen des Pferdes mitgehen. Die Arme werden langsam seitlich ausgestreckt. Den Stand hält man vier Galoppsprünge lang, dann schließt man die Übung ab.

Dazu beugt man sich langsam zu den Griffen hinunter, packt sie mit beiden Händen und rutscht mit gestreckten Beinen wieder zurück in den Grundsitz.

Kleines Hufeisen

Wer bereits längere Zeit voltigiert, kann sein Können bescheinigen lassen und das „Kleine Hufeisen Voltigieren" ablegen. Im praktischen Teil wird geprüft, ob man ein Pferd führen und putzen kann. Außerdem muss der Prüfling beim Aufzäumen helfen. Beim Voltigieren muss der Turner taktmäßig mit seinem Pferd mitlaufen können, vier Pflichtübungen beherrschen und eine Kürübung in Schritt oder Galopp vorführen.

Im theoretischen Teil der Prüfung werden die verschiedenen Ausrüstungsteile abgefragt. Darüber hinaus muss der Prüfungskandidat Grundsätzliches zum Tierschutz und zu artgerechter Pferdehaltung wissen. Und natürlich sollte er etwas zu den Grundübungen und deren Ausführung erzählen können.

Zur Flanke werden die Beine kraftvoll nach oben geschwungen.

Am höchsten Punkt der Flanke werden die Beine geschlossen.

Flanke

Jetzt wird es wirklich schwierig! Für die Flanke benötigt man viel Schwung. Diesen holt sich der Voltigierer mithilfe des Galoppsprungs seines Pferdes. Der Turner sitzt im Grundsitz und führt seine gestreckten Beine zuerst nach vorn, in Richtung Pferdeohren. Dann schwingt er sie über die Kruppe nach hinten oben. Die Beine werden geschlossen, die Haltung ähnelt einem Handstand. Wenn der Turner wieder herunterschwingt, klappt er in der Hüfte zusammen und landet im Innensitz. Dabei die Beine stets geschlossen und gestreckt halten.

Nun folgt der zweite Teil der Übung: der Absprung vom Pferd. Aus dem Innensitz heraus holt der Voltigierer erneut Schwung, führt die Beine wieder kraft- und schwungvoll nach hinten oben und nähert sich noch einmal dem

Handstand. Haben die Füße den höchsten Punkt erreicht, stößt man sich mit den Händen am Gurt ab. Mit beiden Beinen und weich federnden Knien landet der Turner am Boden.

UNFÄLLE VERMEIDEN

Eine Voraussetzung für das Turnen auf dem Pferd sind Balance- und Fallübungen. Mit ihrer Hilfe lassen sich ernsthafte Verletzungen im Fall eines Sturzes weitgehend vermeiden. Außerdem fühlt sich ein Turner, der das richtige Abrollen geübt hat, einfach sicherer auf dem Pferd. Um den richtigen Bewegungsablauf verinnerlichen zu können, übt man zum Beispiel die Rolle vorwärts und rückwärts sowie das Abrollen über die Schulter.

Die Sicherheit der Turner erhöht sich, wenn auf einem großzügig bemessenen Platz voltigiert wird. Bei Stürzen können sie dem Pferd dann schnell ausweichen.

Achtung beim Voltigieren auf einer Wiese! Sie muss vor der Übungsstunde nach größeren Steinen oder anderen harten Gegenständen abgesucht werden.

Gruppenübungen

Die Voltigierer bilden schnell eine eingeschworene Gruppe. Da ist es verständlich, dass sie möglichst bald auch gemeinsam auf das Pferd möchten und mit Aufsehen erregenden Übungen ihr Können unter Beweis stellen wollen. Das Publikum wird begeistert sein!

Übungen kombinieren

In Gruppenübungen können alle Elemente des Einzelvoltigierens eingebaut werden. Jeder Teilnehmer turnt dabei die Übung, die er am besten beherrscht. Alle Turner sollten sich an den gemeinsamen Übungen beteiligen, Anfänger ebenso wie Fortgeschrittene und Könner. Die Anfänger sollten nicht zu Helfern bei einer Hebeübung verdonnert werden, sondern entsprechend ihrem Können mitwirken. Wichtig ist, dass die Größenverhältnisse stimmen:

Sitzt der erste Voltigierer vor dem Gurt, kann der zweite Turner problemlos folgen.

Je nachdem, welche Übungen kombiniert werden, turnen größere und kleinere oder gleich große Voltigierer miteinander. Am Anfang versucht man am besten leichte Paarübungen. An schwierigere Übungen sollten sich die Turner erst dann wagen, wenn die Paarübungen gelingen. So vermeiden sie Enttäuschungen. Keinesfalls darf das Wohl des Pferdes außer Acht gelassen werden. Bereitet ihm eine Übung Unbehagen, sollte man darauf verzichten.

Aufstiegshilfe für den Partner

Der zweite Turner hat mehrere Möglichkeiten, auf das Pferd aufzusitzen. Damit der Bewegungsablauf nicht gestört wird, verlässt der erste Turner seine Position vor dem Gurt und setzt sich zum Beispiel rücklings auf den Hals des Pferdes. Anschließend kann der zweite Turner mühelos aufspringen.

Möglich ist natürlich auch, dass der erste Turner dem nachfolgenden aufs Pferd hilft. Hierfür hält sich der erste Turner mit der linken Hand am rechten Griff fest. Die rechte Hand führt er an den Rücken. Anschließend greift der zweite Turner mit seiner rechten Hand zu. Die beiden Turner halten sich nun gegenseitig am Unterarm fest. Der zweite Turner kann jetzt die linke Hand zum Griff führen und aufspringen. Um den Sprung im richtigen Augenblick zu schaffen, sollten sich die Turner auf ein Kommando verständigen.

Schulterstand

Eine sehr beeindruckende Übung ist der Schulterstand. Mit Hilfe eines erfahrenen Partners gelingt er auch jüngeren Voltigierern. Aus dem Grundsitz heraus geht man zum Knien über (siehe Seite 32). Anschließend legt man den Kopf an die Seite des Gurts auf Höhe eines Griffs und stützt sich mit der Schulter ab. Die Arme sind deutlich angewinkelt und man hält sich mit den Händen fest. Die geschlossenen Beine führt man nach oben. Auch dabei müssen Beine und Zehenspitzen gestreckt sein. Der Partner sitzt hinter dem Turner und stützt dessen Hüfte. Zur Beendigung der Übung klappt man die Beine langsam ein und kniet sich auf das Pferd. Vom Knien rutscht man dann wieder in den Grundsitz.

Beim Handstand ist Unterstützung notwendig: Der Turnpartner stützt die Hüfte des Voltigierers.

Weitere Vorschläge für Übungen zu zweit

Schon Anfänger können viele weitere tolle Gruppenübungen „zaubern". Wichtig ist, dass die Turner die Übungen fließend ausführen und die Größenverhältnisse stimmen. Ein fester Aufbauablauf und exakte Kommandos während der Übung geben zusätzliche Orientierungsmöglichkeiten.

Für eine erste Gruppenübung setzt sich ein Turner auf den Hals des Pferdes, während der zweite Turner am Gurt bleibt. Die Arme können nach oben oder zur Seite gestreckt werden. Der zweite Turner könnte auch in die Fahne (siehe Seite 34) gehen.

Unterschiedlich große Turner machen bei der Doppelfahne Eindruck. Zu dieser Übung kniet sich der kleinere Turner auf den größeren. Achtung, das Gleichgewicht halten!

Die Doppelfahne ist eine schöne Übung für unterschiedlich große Voltigierer.

Reiten lernen

Die Ausrüstung des Reiters

Schwarze Reitkappe, dunkler Frack, weiße Reithose und glänzende Stiefel – so stellt man sich einen Reiter vor. Reitanfänger können auf die perfekte Ausrüstung verzichten. Ihre Kleidung sollte vor allem bequem sein und die Sicherheitsanforderungen erfüllen.

Schnupperstunden

Wie fühlt man sich auf dem Rücken eines Pferdes? Wird es mir gefallen? Wer das Reiten erst einmal ausprobieren möchte, behilft sich mit Jeans oder Leggings. Wichtig ist, dass die Hosen keine dicken Innennähte haben. Diese könnten nämlich die Schenkel aufscheuern. Als Schuhwerk eignen sich Gummistiefel oder feste Halbschuhe mit

Absatz. Dieser verhindert, dass der Fuß durch den Steigbügel rutscht. Mit Turnschuhen steigt man nicht in den Sattel! Sie haben keinen Absatz und schützen nicht vor Ponyhufen, die sich auf die Füße des Reiters verirren könnten. Je nach Jahreszeit trägt man T-Shirt, Bluse oder Pullover. Darüber kann man eine Weste ziehen. Sie wärmt den Oberkörper, lässt dem Reiter aber viel Bewegungsfreiheit.

Der Helm sitzt nur sicher auf dem Kopf, wenn die Riemen geschlossen werden!

Wer sehr enge Reitstiefel besitzt, zieht sie mit Hilfe von Stiefelanziehern an.

Bei niedrigeren Temperaturen kann man auf eine Jacke nicht verzichten.

Die Ausrüstung des Reitanfängers

Hat man sich für den Reitunterricht entschieden, sollte man sich eine Reithose kaufen. Reithosen sind den Bedürfnissen der Reiter angepasst. So sind sie zum Beispiel mit Knieleder oder mit „Ganzlederbesatz" ausgestattet. Das Leder dient dazu, den Kontakt des Reiterbeins zum Sattel zu verbessern.

Zur notwendigen Grundausstattung des Reitanfängers gehören auch Gummireitstiefel. Sie sind preiswert und vor allem unempfindlich. Wer häufiger durch schlammige Pfützen watet, weiß das zu schätzen. Gummireitstiefel haben jedoch zwei Nachteile: Im Sommer schwitzt man sehr in ihnen, während man im Winter schnell darin friert. An warmen Tagen hilft man sich deshalb mit Baumwollsocken, während man bei kaltem Wetter isolierende Einlegesohlen verwendet.

Neben Reithose und Gummireitstiefeln sollte sich der Reiter Handschuhe kaufen. Sie sorgen für einen sicheren Griff und können vor Blasen an den Händen schützen.

Für den Anfang reicht ein Fahrradhelm, später sollte man sich einen Reithelm zulegen.

Eine Sicherheitsweste bietet dem Oberkörper Schutz.

Sicherheitskleidung

Reitunfälle lassen sich leider nicht verhindern, aber mit der richtigen Ausrüstung kann man sie zumindest mildern.

Viele Reitställe legen zu Recht Wert darauf, dass ihre Schüler von Anfang an einen Reithelm tragen. Reithelme, die den gängigen Sicherheitsanforderungen entsprechen, werden mit „EN (Europäische Norm) 1384" gekennzeichnet. Am besten lässt man sich in einem Reitsportfachgeschäft ausführlich beraten. Sicherheitsreitwesten schützen den Oberkörper des Reiters. Das stoßdämpfende Material, das in sie eingearbeitet ist, mindert die Verletzungsgefahr bei Stürzen. Gerade bei Geländeritten ist ein solcher Schutz angebracht.

Auf- und Absitzen

Nun geht es endlich auf das Pferd! Die Reiter warten auf das Signal zum Aufsteigen. Vor dem Aufsteigen werden die Zügel in die linke Armbeuge gelegt, dann kontrolliert man den Sitz des Gurts: Sattelblatt nach oben klappen und noch einmal nachgurten, also den Gurt nach Bedarf enger schnallen. Anschließend zieht man die schweren Steigbügel nach unten, bis die Riemen glatt und gleichmäßig hängen. Vom Boden aus stellt man auch die Länge der Steigbügel ein. Dazu greift man den Bügel und hält ihn bei ausgestrecktem Arm in die Achselhöhle. Die Fingerspitzen sollten nun die Steigbügelhalterung berühren können. Bei Bedarf ändert man die Länge der Riemen.

Die Länge der Steigbügel wird geprüft, indem man die Steigbügel in die Achselhöhle hält.

Wenn man die Aufforderung zum Aufsitzen bekommt, legt man die Zügel über den Hals des Pferdes. Vor dem Aufsteigen nimmt man die Zügel auf, bis man Kontakt zum Pferdemaul hat. Steht der Zügel an, so spürt man die Bewegungen des Pferdekopfes und des Mauls. Für das Pferd ist der kurze Zügel ein Zeichen, still zu stehen.

Bevor man aufsteigt, muss man die Zügel aufnehmen. Sonst könnte es passieren, dass das Pony einfach losläuft.

Beim Aufsitzen darauf achten, dass sich die linke Fußspitze nicht in den Pferdebauch bohrt. Das rechte Bein darf die Kruppe nicht berühren.

Aufsitzen

Der Reiter stellt sich links neben das Pferd und nimmt mit dem linken Fuß den Steigbügel auf. Die linke Hand hält sich am Vorderzwiesel fest, die rechte ergreift seitlich hinten den Sattel. Nun stößt man sich mit dem rechten Fuß kräftig ab und schwingt das Bein über den Rücken. Achtung, die Kruppe dabei nicht berühren. Ist das rechte Bein auf der anderen Seite, gleitet man sanft und langsam in den Sattel. Das Knie wird nach innen gedreht und angewinkelt. Zum Schluss angelt sich der Reiter den Bügel und setzt seinen Fuß hinein.

Absitzen

Man sitzt auf der linken Seite ab. Dazu nimmt man zunächst die Zügel in die linke Hand, dann stützt man sich mit der linken Hand auf

Die Zügel aufnehmen

Sitzt der Reiter fest im Sattel, nimmt er die Zügel auf. Hat er die Zügelschnalle in der linken Hand, führt er mit der rechten beide Zügel zusammen. Mit der linken werden die Zügel nach hinten gezogen, bis sie nicht mehr durchhängen. Nun teilt man die Zügel und greift von oben hinein, sodass die Handflächen zueinander schauen und die Daumen nach oben zeigen. Man schließt die Hand zu einer lockeren Faust. Dabei bildet der Daumen ein Dach auf der Faust.

dem Mähnenkamm ab. Beide Füße werden nun aus den Steigbügeln gezogen. Anschließend beugt sich der Reiter nach vorn auf den Pferdehals und schwingt das rechte Bein nach hinten über das Pferd. Zeitgleich stößt er sich vom Sattel ab. Beim Landen federt der Reiter in den Knien leicht nach.

Gleich nach dem Aufsteigen überprüft der Reiter den Sattelgurt. Meistens kann man ein paar Löcher nachgurten.

Um korrekte Hilfen geben zu können, muss man mit den Zügeln einen beständigen Kontakt zum Pferdemaul haben.

Der Sitz des Reiters

Jeder Reiter wünscht sich einen losgelassenen und ausbalancierten Sitz, denn nur damit kann er dem Pferd seine Wünsche mitteilen, ohne es in seinen Bewegungen zu stören. Voraussetzung für den richtigen Sitz ist eine gewisse Spannung im Oberkörper, wobei die Hüfte aber beweglich und locker bleiben muss. Auch die Arme und Beine sollten den Bewegungen des Ponys entspannt folgen.

Der Rumpf

Mit dem Rumpf kann man großen Einfluss auf das Pferd nehmen. Beispielsweise lässt sich durch Drehen des Oberkörpers die Laufrichtung des Pferdes bestimmen; durch entsprechendes

Der richtige Sitz ist Bedingung für eine gute Verständigung zwischen Pferd und Reiter.

Mitschwingen kann man das Tempo steigern oder mindern. Damit all das auch gut gelingt, muss man sich allerdings richtig in den Sattel setzen. Und das funktioniert so: Der Reiter setzt sich entspannt in den tiefsten Punkt des Sattels und lässt beide Pobacken locker. Der Bauch wird eingezogen und leicht angespannt. Der Reiter richtet sich auf und stellt sich am besten vor, dass er wie eine Marionette an einem Faden hängt. Der Kopf wird locker und entspannt getragen. Der Reiter kann den Sitz kontrollieren, indem er beide Hände unter den Po schiebt. Nun müssen beide Sitzbeinhöcker zu spüren sein.

Schultern und Arme

Schlapp im Sattel hängen gilt nicht! Bei einem guten Sitz wird der Schultergürtel entspannt gehalten. Die Oberarme liegen locker am Oberkörper an, die Unterarme werden leicht angewinkelt. Bei Bedarf folgen die Arme den Bewegungen des Pferdekopfes. Damit der Reiter weiche Zügelhilfen geben kann, hält er die Handgelenke gerade und entspannt.

Eine gedachte Linie zieht sich vom Kopf bis zu den Knöcheln.

Sitzkorrekturen gehören zum Reiteralltag.

Das Bein

Das Bein hält Kontakt zum Rumpf des Pferdes. Der Oberschenkel und das Knie liegen flach an, der Unterschenkel hält hauptsächlich mit der Wade Kontakt zum Pferd.
Der Fuß wird nicht bis zum Absatz in den Steigbügel geschoben, sondern nur bis etwa zu den Fußballen. Die Zehen weisen nach oben,

Longenunterricht

Am Anfang einer guten Reitausbildung steht der Longenunterricht! Dabei führt der Reitlehrer das Pferd an der Longe im Kreis. Der Lehrer bestimmt die Größe des Kreises sowie Gangart und Tempo des Pferdes. Der Reitschüler konzentriert sich auf seinen Sitz und die Hilfengebung. Das ist für die ersten Stunden mehr als genug. Normalerweise kann man nach zehn bis 15 Longenstunden in der Anfängerstunde mitreiten. Übrigens: Selbst langjährige, erfahrene Reiter lassen ihren Sitz immer mal wieder an der Longe überprüfen und korrigieren.

die Ferse ist leicht gesenkt. So erreicht man eine leichte Spannung in der Wade. Sie ist notwendig, um korrekte Schenkelhilfen geben zu können.

„Richtlinien"

Mit Hilfe von gedachten Linien lässt sich der Sitz des Reiters gut kontrollieren. Von der Seite aus betrachtet sollte eine gerade Linie vom Kopf des Reiters über Schulter und Hüfte bis zum Knöchel laufen.
Die Unterarme müssen – von der Seite aus gesehen – eine Linie mit der Zügelfaust, dem Zügel und dem Pferdemaul bilden.
Betrachtet man Pferd und Reiter von hinten, dann sollte man eine Linie vom Kopf des Reiters und seiner Hüfte bis zum Boden ziehen können. Dabei ist auch auf Kleinigkeiten zu achten: Sitzt der Reiter gerade? Hängen beide Bügel auf gleicher Höhe?

Typische Sitzfehler

Mit Sitzfehlern kämpfen nicht nur Reitschüler, auch bei erfahrenen Reitern schleichen sie sich immer wieder ein. Wichtig ist, dass der Reiter seinen Sitz regelmäßig prüft und seine Körperhaltung bei Bedarf korrigiert.

„Blockaden im Becken"

Die Bewegungen des Pferdes erspürt der Reiter mit seinem Becken. Ist er im Hüftbereich verspannt und unnachgiebig, dann kann er weder einen Trabtritt noch einen Galoppsprung gut sitzen. Deshalb sollte der Reiter

Falsch: Hohlkreuz   Ebenso falsch: Rundrücken

darauf achten, dass er die Bewegungen des Pferdes im Becken aufnimmt und entspannt mit ihnen mitschwingt.

Ein typischer Hinweis auf einen Sitzfehler ist, wenn der Reiter mit dem Kopf nickt. Das deutet darauf hin, dass er im Beckenbereich verspannt ist und die Bewegungen mit dem Kopf abfedert. Ein weiteres Zeichen dafür, dass der Reiter nicht richtig im Sattel sitzt, ist ein Hohlkreuz. Der Reiter sitzt nicht auf den Sitzhöckern, sondern drückt diese nach hinten weg. Abhilfe schafft man, indem man den Bauch einzieht und sich deutlich aufrecht hinsetzt.

Mit den Schenkeln klammern

Wer sich mit den Beinen an sein Pferd klammert, kann weder mit den Bewe-

Richtig: Aufrecht sitzend kann der Reiter den Bewegungen seines Ponys problemlos folgen.

gungen mitgehen noch Schenkelhilfen geben. Durch das Anklammern hebt sich der Reiter regelrecht aus dem Sattel. Oft ist in diesem Fall die gesamte Gesäßmuskulatur verspannt. Eine kleine Übung im Sattel macht deutlich, wie sich eine solche Verspannung anfühlt und auswirkt: Man nimmt beide Hände unter das Gesäß und spannt die Muskeln fest an. Dadurch hebt man sich aus dem Sattel und die Knie werden unbeweglich. Nimmt man nun gemütlich Platz, können Po und Oberschenkel die richtige Lage finden.

Mit den Zügeln klammern

Viele Reitanfänger klammern sich auch am Zügel fest, doch das ist keine gute Lösung, um sich bei einem unruhigen Sitz abzusichern. Besser greift der Reiter in den Angstriemen des Sattels. Nimmt er ihn bei jeder Trabreprise oder zur Galopparbeit auf, so kann er sich in den Sattel „hineinziehen". Der Griff in den Angstriemen hat den Vorteil, dass die Kraft in den Riemen geht, während die Zügelverbindung locker bleibt. Ist man nach einiger Zeit sicherer, so kann man die Verbindung zum Angstriemen aufgeben und die „Zügelhand tragen", also entspannt die Zügel halten.

Es ist nicht leicht, die richtige Position von Oberschenkel, Knie und Unterschenkel zu finden.

KONTROLLE DES SITZES

In den Spiegeln der Reithalle kann man seinen Sitz selbst prüfen. Deshalb ruhig mal hineinschauen und kontrollieren, ob alles in Ordnung ist. Wer seinen Sitz und sein reiterliches Können in Ruhe beurteilen möchte, sollte sich mit einer Kamera aufnehmen lassen. Ein Film macht alle Fehler deutlich, er zeigt dem Reiter aber auch, was nach langem Üben endlich funktioniert.

Offenes Knie

„Reiten mit offenen Knien" bedeutet, dass die Knie nach außen zeigen und die Schenkel nicht richtig anliegen. Typisches Kennzeichen sind nach außen weisende Zehenspitzen. Reiter, die mit offenen Knien reiten, hängen in den Bügeln und können nicht mehr korrekt treiben. Also: Beine lang, Knie etwas eindrehen und Füße parallel zum Pferd stellen.

Die Hilfen

Der Reiter teilt dem Pferd seine Wünsche mit, indem er ihm Zeichen gibt. Diese Zeichen nennt man Hilfen. Der Reiter kann Hilfen durch Verlagerung seines Gewichts und mit den Schenkeln geben. Er kann aber auch Zügel und Stimme einsetzen. Außerdem gibt es die künstlichen Hilfen Gerte und Sporen.

Gewichtshilfen

Das Pferd ist stets bestrebt, im Gleichgewicht zu bleiben. Verlagert der Reiter sein Gewicht, bemüht sich das Pferd um einen Ausgleich.

Die Gerte kommt zur Unterstützung des Schenkels zum Einsatz.

Sensible Pferde reagieren leichter auf eine Hilfe als gelassene. Deshalb ist es wichtig, seine Hilfen zu dosieren. Erst leichter Schenkeldruck, der bei Bedarf verstärkt wird.

Der Reiter kann also mit seinem Körpergewicht auf das Pferd einwirken. Sitzt der Reiter beispielsweise betont auf dem äußeren Gesäßknochen, so geht das Pferd auf dem Hufschlag. Möchte man eine Wendung reiten, dreht man sich bewusst in die angestrebte Richtung. Mit Gewichtshilfen kann man auch das Tempo des Pferdes steuern. Setzt sich der Reiter zum Beispiel schwer in den Sattel, geht das Pony langsamer.

Schenkelhilfen

Mit Schenkelhilfen kann der Reiter sein Pferd antreiben oder Wendungen ausführen. Sie können in dem Augenblick gegeben werden, in dem das Pferd das Hinterbein abhebt und sich der Rippenbogen leicht zur Seite bewegt. Steht der Hinterhuf aber gerade fest auf dem Boden, dann verpufft die Aufforderung des Reiters unbeachtet.

Zum Treiben gehört der Schenkel an den Gurt. Für Wendungen kommt der äußere Schenkel etwa eine Handbreit hinter den Gurt. Der innere Schenkel bleibt an Ort und Stelle und kümmert sich um den „Gegendruck". Außerdem hat der Schenkel auch eine aktiv seitwärts treibende Funktion. Hierfür nimmt man ihn ebenfalls eine Handbreit hinter den Gurt. Verwahrend eingesetzt wird der Schenkel, wenn er die Hinterhand „bewacht".

Zügelhilfen

Mit den Zügelhilfen wirkt man auf das Maul des Pferdes ein. Sie werden nur zusammen mit Gewichts- oder Schenkelhilfen eingesetzt. Die Zügelhilfen gibt der Reiter, indem er die Faust leicht eindreht. Mit den aufgenommenen Zügeln gibt man dem Pferd eine gewisse Anlehnung, sodass es den erforderlichen Kontakt zur Reiterhand findet. Daneben weisen die Zügelhilfen dem Pferd die Richtung und kommen verwahrend zum Einsatz.

Sporen sind nur für fortgeschrittene Reiter geeignet, da sie ihre Schenkel ruhig halten und die Sporen gezielt einsetzen können.

Stimmhilfen

Mit seiner Stimme besitzt der Reiter ein wirkungsvolles Hilfsmittel: Bei einer gut ausgeführten Übung kann ein „So ist es brav" als Belohnung gelten. Ist ein Pony unkonzentriert, wird es mit einem „Pass auf!" ermahnt. Wer einen schnellen Galopp möchte, spornt sein Pony mit „Lauf!" an. Auch auf die Kommandos „Schritt", „Trab" und „Galopp" reagieren die meisten Ponys sehr zuverlässig.

Das Zusammenspiel der Hilfen muss man langsam einüben. Hilfreich ist es, wenn der Reiter seinen Zielpunkt ansieht.

Das Zusammenspiel der Hilfen

Reiterliche Hilfen werden immer kombiniert! Nie kommt nur eine Hilfe zum Einsatz. Ein Pferd mag zwar auf Schenkeldruck vorwärts gehen, aber ohne unterstützende Gewichtshilfe wird es keine Wendung ausführen. Es ist allerdings nicht ganz einfach, Gewicht, Schenkel und Zügel gleichzeitig einzusetzen. Bis das schwierige Zusammenspiel der Hilfe wie im Schlaf funktioniert, ist daher viel Übung nötig.

Bei der Wendung nimmt man den äußeren Schenkel zurück und begrenzt das Pferd mit dem äußeren Zügel.

Geradeaus reiten

Das Zusammenspiel der Hilfen lässt sich beim Geradeausreiten gut trainieren. Dabei handelt es sich um eine recht schwierige Übung, denn ein Pferd läuft schnell im Zickzackkurs, wenn eine Bande oder eine andere Orientierungshilfe fehlt. Mit Gewichts-, Schenkel- und Zügelhilfen bringt man sein Pony aber dazu, geradeaus zu laufen. Dabei sollte der Reiter selbst gerade sitzen und die Hilfen gleichmäßig dosieren. Zu starker Zug am Zügel oder eine fehlende Schenkelhilfe lässt das Pony schwanken. Sehr hilfreich ist es, sich das angestrebte Ziel anzusehen und bewusst auf beiden Gesäßknochen zu sitzen.

Biegung

Mit Gewicht, Schenkeln und Zügeln sorgt man dafür, dass das Pony seine Wirbelsäule vom Genick bis zum Schweif in Bewegungsrichtung biegt. Damit die Hinterhand in der Spur bleibt, gehört der äußere Schenkel etwa eine Handbreit hinter den Gurt. Mit dem inneren

Das Pferd einteilen

Mit den Begriffen Vorhand und Hinterhand wird ein Pferd eingeteilt. Alle Teile des Pferdes, die vor dem sitzenden Reiter liegen, gehören zur Vorhand. Der Bereich hinter dem Reiter wird als Hinterhand bezeichnet. Welche Seite aber meint der Reiter, wenn er von links und rechts spricht? Das ist ganz einfach: Bei der Bezeichnung der Seiten geht man immer von der Blickrichtung des Pferdes aus. Anders ausgedrückt: Wenn der Reiter auf dem Pferd sitzt und nach vorn schaut, ist die rechte Seite des Reiters auch die rechte Seite des Pferdes.

Schenkel „hält man gegen". Der Schenkel liegt am Gurt und fordert durch leichten Druck das Hinterbein auf, deutlich in Richtung Körpermitte unterzutreten. Die Zügelhilfen unterstützen die Biegung des Halses. Der äußere Zügel dient als Begrenzung und führt das Pferd in die Wendung. Der innere Zügel dagegen stellt das Pferd im Genick.

Bei dieser Übung soll das Pferd im Genick nachgeben und leicht nach innen schauen. Das hat man erreicht, wenn der Reiter den Nüsternrand und einen Teil des Auges sehen kann. Zur Kontrolle kann man den inneren Zügel am Mähnenkamm entlangführen. Bleibt das Pony dabei gebogen, so ist die Übung perfekt ausgeführt.

Wendungen reiten

Geht das Pferd in eine Wendung, so muss es sich von den Ohren bis zur Schweifspitze biegen. Logischerweise wird dadurch die innere Seite etwas kürzer als die äußere. Es ist aber nicht notwendig, dabei die Zügel zu sortieren und in der Länge anzupassen. Reitet man nämlich die Kurve bewusst und mit einem gut in Bewegungsrichtung gedrehten Oberkörper, verkürzt beziehungsweise verlängert sich der Zügel automatisch.

Halbe und ganze Paraden

Halbe wie auch ganze Paraden sind Zügelhilfen, die mit Gewichts- und Schenkelhilfen kombiniert werden.

Jede neue Übung, jeder Wechsel in eine andere Gangart und jede Richtungsänderung leitet der Reiter durch eine halbe Parade ein. Halbe Paraden machen das Pferd aufmerksam und bereiten es auf die neue Übung vor. Man gibt

sie, indem man sich bewusst aufrecht in den Sattel setzt, mit den Schenkeln treibt und die Zügelhand kurz eindreht.

Mit einer ganzen Parade pariert man zum Halten durch. So zum Beispiel, um aus dem Trab heraus anzuhalten. Hierfür gibt man so lange halbe Paraden, bis das Pony steht. Perfekt geritten ist eine ganze Parade, wenn das Pony geschlossen steht und alle vier Beine gleichmäßig belastet.

Steht das Pferd gut an den Hilfen, fällt der Tempowechsel leicht.

Die Grundgangarten

Ponys können sich in den Grundgangarten Schritt, Trab oder Galopp vorwärts bewegen. Einige Pferderassen verfügen noch über besondere Gänge wie Tölt oder Pass. Doch von denen soll hier nicht die Rede sein. Schließlich wartet schon ein gutes Stück Arbeit, wenn man die Grundgangarten beherrschen will.

Der Schritt

Die langsamste Gangart des Pferdes ist der Schritt. Bei diesem Viertakt fußen die vier Beine nacheinander auf. Das Pferd sollte sich raumgreifend und mit gut untergesetzter Hinterhand bewegen. Läuft es losgelassen und entspannt, pendelt der Schweif hin und her.

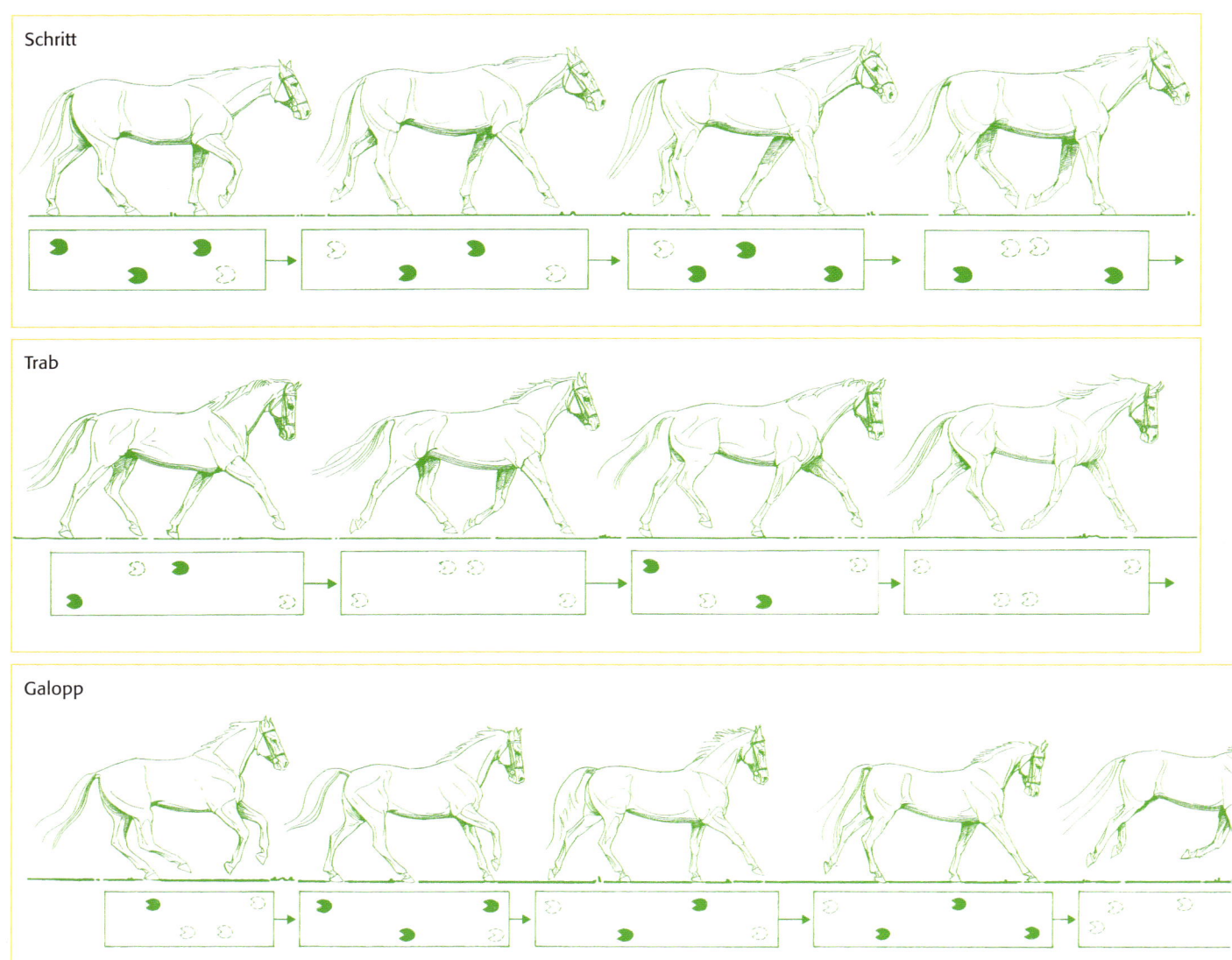

Schritt

Trab

Galopp

Der Schritt ist eine relativ schwunglose Gangart, erfordert vom Reiter aber einiges Können.

Der Schritt ist zum Lösen, also zum Lockern des Pferdes, und zur Beendigung der Arbeit die wichtigste Gangart. Auch wenn es sich um die langsamste Fortbewegungsart handelt, ist ein gut gerittener Schritt selbst für erfahrene Reiter schwierig. Durch den fehlenden Schwung schleichen sich nämlich gerne Taktunreinheiten ein. Man unterscheidet zwischen dem Mittelschritt, dem starken und dem versammelten Schritt. Beim Mittelschritt tritt das Pferd mit den Hinterhufen etwa in die Abdrücke der Vorderhufe.

Beim Leichttraben entlastet man den Pferderücken.

Der Trab

Auf den Schritt folgt als nächst schnellere Gangart der Trab. Der Trab ist ein Zweitakt. Die diagonal gegenüberliegenden Beine werden dabei jeweils gleichzeitig aufgesetzt. Dazwischen entsteht eine kurze Schwebephase. Je nach Veranlagung und Temperament des Ponys fällt der Trab unterschiedlich schwungvoll aus. Da der Kopf des trabenden Pferdes recht ruhig ist, kann der Reiter die Verbindung zum Pferdemaul gut herstellen.

Für die Arbeit eines Pferdes ist der Trab ideal, da er sehr gleichmäßig, aber dennoch schwungvoll ist.

Beim so genannten Arbeitstrab läuft das Pony fleißig vorwärts. Beim starken Trab tritt das Pferd deutlich mit den Hinterbeinen ab und die Bewegungen wirken raumgreifend. Beim versammelten Trab dagegen erscheint das Pony vergleichsweise kompakt.

Der Galopp

Die schnellste Gangart der Pferde ist der Galopp. Viele Reiter sehnen ihn herbei, andere fürchten ihn. Der Galopp ist eine gesprungene Gangart mit einer deutlichen Schwebephase. Beim Linksgalopp greifen linkes Vorder- und Hinterbein am weitesten aus. Beim Rechtsgalopp haben die rechten Beine das Sagen. Im Unterricht wird meistens „Handgalopp" geritten. Also links herum im Linksgalopp und umgedreht. Erst in fortgeschrittenem Stadium

Jede der drei Grundgangarten besteht aus mehreren Phasen. Diese Illustration zeigt die Seitenansicht der Pferde in den verschiedenen Phasen und stellt darunter die Huffolge dar. Die jeweils auftretenden Hufe sind grün.

Leichttraben

Leichttraben ist keine spezielle Gangart. Man bezeichnet damit die Bewegung, die der Reiter beim Traben auf dem Rücken des Pferdes ausführt. Beim Leichttraben sitzt der Reiter nicht jeden Trabtritt aus, sondern er steht bei jedem zweiten Tritt auf. Pferde genießen das Leichttraben am Anfang einer Reitstunde, denn dabei wird ein Großteil der Last von Knie und Steigbügel aufgenommen. Das Pferd kann dadurch seinen Rücken ungehindert bewegen. Beim Leichttraben setzt sich der Reiter in den Sattel, sobald das innere Hinterbein auffußt. Um den richtigen Zeitpunkt zu ermitteln, sollte der Reiter auf die äußere Schulter des Pferdes achten. Geht diese vor, so steht er auf. Da es sich beim Leichttraben um eine Bewegung der gegenüberliegenden Beine handelt, kann man sich natürlich auch an der inneren Pferdeschulter orientieren: Man steht aus dem Sattel auf, wenn sie zurückgeht. Bei einem Handwechsel sitzt man für drei Tritte aus und reitet dann auf dem anderen Hinterfuß weiter.

Eine deutliche Schwebephase, in der alle vier Hufe in der Luft sind,

üben Pferd und Reiter den Außengalopp. Bei dieser Galoppvariante geht das Pferd auf der linken Hand im Rechtsgalopp beziehungsweise auf der rechten Hand im Linksgalopp. Man unterscheidet zwischen Arbeitsgalopp, versammeltem Galopp und dem starken Galopp. Beim versammelten Galopp wirkt

das Pferd kürzer und ist deutlich aufgerichtet. Soll es den Galopp verstärken, muss es weitere und kräftigere Galoppsprünge zeigen, ohne den Takt zu verändern.

Übergänge reiten

Möchte der Reiter einen Übergang reiten, muss er seine Hilfen korrekt geben. Um in eine höhere Gangart wechseln zu können, muss der Reiter die Zügel leicht aufnehmen. Gleichzeitig setzt er sich aufrecht in den Sattel und legt die Schenkel an. Sobald das Pony reagiert, gibt der Reiter mit der Hand nach und fühlt sich in die

Der Galopp ist eine sehr schwungvolle Gangart.

ist kennzeichnend für den Galopp.

Bewegung seines Pferdes ein. Die Schenkel
liegen am Pferdekörper an. Zum Angaloppieren verlagert man sein Gewicht nach innen.
Der innere Zügel wird leicht verkürzt, der
äußere wirkt verwahrend und begrenzend.
Nun kommt der äußere Schenkel etwa eine
Handbreit nach hinten. Beim Angaloppieren
gibt der innere Schenkel Druck und sorgt
dafür, dass das innere Hinterbein deutlich
unter den Schwerpunkt tritt. Um im Galopp
zu bleiben, sollte sich der Reiter vorstellen,
dass er immer wieder neu angaloppieren
möchte und entsprechende Hilfen geben muss.

Beim Reiten von Übergängen ist nicht selten der Sitz gefährdet.

Reitersprache

Unter „Takt" versteht man den gleichmäßigen Ablauf einer
Bewegung (siehe Seite 66).
Ohren spitzen, wenn ein Pferd über einen festen Boden
läuft. Man kann die einzelnen Takte sehr gut erkennen.
Der Trab ist ein Zweitakt, der Galopp ein Dreitakt und der
Schritt ein Viertakt.
Reiter sprechen immer wieder von innen und außen.
Doch wo ist was? Egal, in welche Richtung man reitet –
innen ist dort, wohin das Pferd gestellt und gebogen ist.
Außen entsprechend die andere Seite.
Unter dem Rahmen versteht man das Gesamterschei-
nungsbild des Pferdes. Ein locker am langen Zügel bum-
melndes Pony hat einen weiten Rahmen. Wird es nun
aufgrund der Dressurarbeit stärker versammelt, kommt
das Genick höher und das Pferd tritt verstärkt unter. Es
verkürzt seinen Rahmen. Ein junges Pferd ist noch nicht
in der Lage, versammelt zu gehen. Diese Fähigkeit entwickelt sich erst im Laufe der Ausbildung.

In eine niedrigere Gangart wechseln

Möchte man in eine niedrigere Gangart wechseln, setzt man sich schwer in den Sattel.
Mit halben Paraden macht man das Pony aufmerksam. Damit es unter seinen Schwerpunkt
tritt, muss die treibende Hilfe erhalten bleiben!
Die Zügel wirken annehmend.

Balance-Übungen

Wie schön ist es, wenn sich Pferd und Reiter im Einklang bewegen. Damit das gelingt, muss der Reiter ein gut ausgeprägtes Gleichgewichtsgefühl besitzen. Das lässt sich mit Hilfe von abwechslungsreichen Übungen trainieren, die an der Longe durchgeführt werden sollten.

Das Pferd umarmen – eine gute Übung, die zudem Spaß macht.

Übungen ohne Steigbügel

Reitanfänger fühlen sich auf dem Pferd am sichersten, wenn ihr Fuß im Steigbügel sitzt und festen Halt hat. Einen losgelassenen und ausbalancierten Sitz aber trainiert man am besten ohne Steigbügel. Dazu gibt es eine Reihe von Übungen, die erst im Stehen und dann im Schritt, eventuell sogar im Trab und Galopp ausprobiert werden können. Die Steigbügel werden dabei übergeschlagen. Empfehlenswert ist folgende Übung: Der Reiter lehnt sich seitlich hinunter und greift nach seiner Zehenspitze. Leichter wird's, wenn er sich dabei mit der anderen Hand am Sattel festhält. Die Schenkel bleiben währenddessen ruhig an Ort und Stelle liegen.

Dehnungs- und Geschicklichkeitsübungen

Mit einfachen Dehnungs- und Geschicklichkeitsübungen gewinnt man Vertrauen zu seinem eigenen Können.

Viel Spaß macht das so genannte „Schattenboxen": Die Hände werden zu Fäusten geballt, dann schlägt der Reiter in die Luft.

Für den „Flieger" streckt man die Arme aus und deutet den Flug eines Flugzeugs an. Klar, dass ein Flugzeug auch mal in Schräglage kommt, um Kurven zu fliegen.

Schön ist es auch, sich auf den Pferdehals zu legen. Der Reiter kann dabei den Hals des

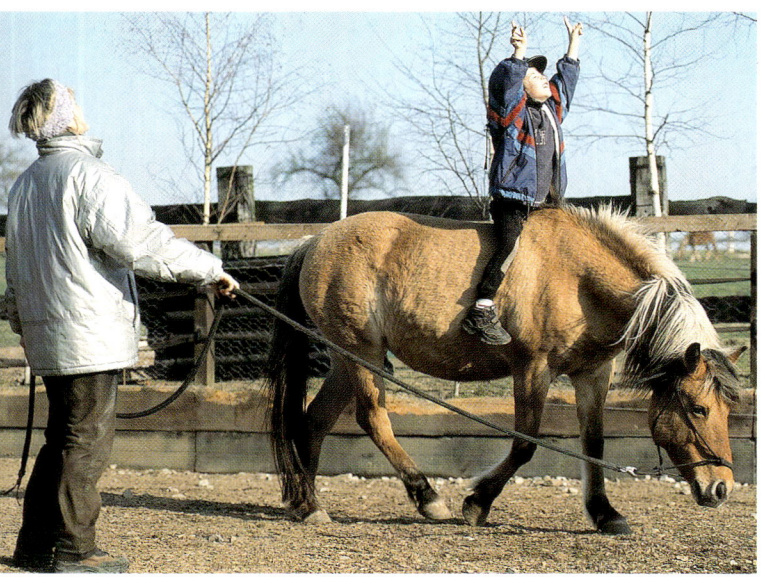

Kirschenpflücken trainiert das Gleichgewichtsgefühl.

Pferdes mit den Armen umfassen und mit den Bewegungen mitschaukeln. Beim Aufrichten stützt er sich mit den Armen am Hals des Pferdes ab. Dann geht es Wirbel für Wirbel zurück in die Sitzposition. Zum „Kirschenpflücken" müssen die Arme weit nach oben gestreckt werden. Dann kann man sich eine Kirsche nach der anderen vom Baum herunterholen.

Ohne Sattel reiten

Der Sattel gibt dem Reiter Halt auf dem Pferderücken. Wird er abgenommen, fühlt man sich zunächst meist sehr unsicher. Da hilft ein beherzter Griff in die Mähne oder in einen Steigbügelriemen, der dem Pony auf den Hals gelegt wurde. Nach ein paar Runden hat man sich eingefühlt, genießt die Nähe des Pferdes und übt ganz nebenbei seinen Gleichgewichtssinn.

Wenn Anfänger ohne Sattel auf dem Pony sitzen, sollte das Pferd geführt werden. Dann kann man diese Übung durchführen: Die Zügel auf den Hals legen und mal auf die linke, mal auf die rechte Seite des Pferdehalses klopfen. Dabei die Zehenspitzen leicht nach oben anheben und in der Hüfte locker bleiben. Fortgeschrittene reiten ohne Sattel auch schnellere Gänge. Das kann besonders dann schwierig werden, wenn das Pferd sehr schwungvolle oder harte Gänge hat. In diesem Fall muss der Reiter die Bewegungen des Pferdes gut abfangen. Leichter haben es Reiter, deren Pony weiche Gänge hat.

Reitet man eine Wendung, dann dreht man sich in die gewünschte Richtung. Wenn der Reiter bewusst stärker einsitzt, kann er sogar anhalten oder Übergänge reiten. Nur geübte Reiter sollten sich am Galopp ohne Sattel versuchen. Die ersten Runden werden in jedem Fall auf dem eingezäunten Reitplatz absolviert, damit das Pferd im Notfall durch den Zaun abgebremst wird. Sind die Ponys sehr zuverlässig, kann man natürlich auch eine Runde im Gelände drehen. Fortgeschrittene Reiter wagen ohne Sattel sogar den Sprung über kleine Hindernisse.

Angst beim Reiten

Pferde flößen vielen Menschen durch ihre Größe und durch manche heftige Bewegung erheblichen Respekt ein. Das ist ebenso normal wie das nervöse Kribbeln beim ersten Marsch auf die Weide oder das Herzklopfen vor der ersten Voltigierstunde. Es ist auch ganz natürlich, dass ein Reiter Angst hat, wenn sein Pony schon einmal gebockt oder gescheut hat, durchgegangen ist oder gebissen hat. Nach solchen Ereignissen stellt man sich bange Fragen: „Was mache ich, wenn das noch mal passiert? Wie bekomme ich das Pferd in den Griff? Kann ich mir beim Sturz sehr wehtun?" Schließlich möchte sich niemand Blessuren und Verletzungen einfangen.

Auch das Pferd spürt die Angst

Pferde sind sehr sensible Wesen. Sie fühlen, ob wir entspannt und locker auf ihnen sitzen oder ängstlich und verkrampft. Unser Atem verrät ihnen vieles über unser Wohlbefinden. Wer sich gut fühlt, atmet tief und langsam.

Pferd und Reiterin haben ein freundschaftliches Verhältnis.

Das notwendige Vertrauen zwischen Pferd und Reiter entwickelt sich ganz allmählich.

Wer Angst hat, atmet kurz und rasch. Auch die Körperhaltung des Reiters ist aufschlussreich für das Pferd. Furchtsame Reiter kauern sich in den Sattel, umklammern das Pferd mit den Beinen und kneifen den Po zusammen. Pferde reagieren auf solche Zeichen der Angst, indem sie zum Beispiel scheuen oder bocken. Das kann der Anfang eines Teufelskreises sein.

So geht man mit der Angst um

Zunächst sollte der Reiter seine Angst einfach annehmen. Schon allein dadurch geht manches besser. Man sollte sich aber auch Gedanken darüber machen, was man genau fürchtet. Ein vertrauensvolles Gespräch mit dem Reitlehrer kann dabei sehr hilfreich sein! Zeigt er aber kein Verständnis für die Ängste des Schülers oder lacht er sogar über ihn, sollte man schleunigst den Lehrer oder den Reitstall wechseln. Überfällt den Reiter die Angst auf dem Pferderücken, dann sollte er sich ablenken. Er kann dazu zum Beispiel ein Lied singen oder ein Gedicht aufsagen. Wenn die Gedanken in eine andere Richtung gesteuert werden, fließt der Atem und der Reiter richtet sich automatisch auf. Dadurch entspannt sich sein Sitz und die Harmonie zwischen Pferd und Reiter wird wiederhergestellt.

Nur Mut!

Manchem Reiter hilft es, einen von Angst belasteten Bewegungsablauf in Gedanken durchzuspielen. Viele Reitschüler scheuen sich beispielsweise vor dem ersten Versuch im Springreiten. Dabei ist ein Sprung über ein

SCHUTZ UND SICHERHEIT

Eine gute Ausrüstung kann wirksame Hilfe bei Ängsten leisten. Helm und Sicherheitsweste sollten nicht im Kleiderschrank verstauben, sondern tatsächlich benutzt werden. Das verleiht dem Reiter ein Gefühl der Sicherheit und vertreibt die Angst.

kleines Hindernis nichts Besonderes, wenn man bereits gut über Cavaletti-Reihen galoppiert ist. Wer aber mit zitternden Knien zum Sprung ansetzt, wird kaum Erfolg haben. Entweder scheut das Pferd, geht durch oder der Reiter macht bei der Landung eine unglückliche Figur. Das hilft: Augen schließen und in Gedanken die Bewegungsabläufe durchgehen, die durch die Cavaletti-Arbeit ohnehin bekannt sind. So vorbereitet ist der Sprung kein Problem.

So klappt's angstfrei: Kurz vor dem Sprung atmet die Reiterin einige Male tief ein und aus und spielt in Gedanken den Bewegungsablauf durch.

Reiten heißt fühlen

Augen zu und sich überraschen lassen!

Jede Bewegung des Pferdes überträgt sich auf den Reiter und kann von ihm gefühlt werden. Anfänger aber haben häufig Probleme, die Bewegungen ihres Pferdes zu erspüren und darauf zu reagieren. Gelingt es schließlich, so ist ein großer Schritt in Richtung Können getan. Mit etwas Übung klappt's!

Augen zu!

Eine gute Übung, mit der man lernt, sein Pony zu erfühlen, ist das Reiten mit geschlossenen Augen. Das Pony sollte dabei von einer erfahrenen Person geführt werden. Unsichere Reiter können sich ruhig am Sattel festhalten. Und jetzt Augen zu! Schon im Stehen wird man überrascht sein, wie viel zu erspüren ist. Der Reiter merkt sofort, wenn sein Pony den Kopf schüttelt, mit einem Huf aufstampft oder schief dasteht. Geht das Pferd im Schritt, spürt der Reiter, welches Bein angehoben wird und wie sich das Pferd schaukelnd vorwärts oder zur Seite bewegt. Legt der Reiter nun beide Hände auf seine Hüftknochen, dann kann er spüren, wie die Hüfte nach links und rechts schwingt.

Dressurreiten

Die Bahnregeln

Dressurreiter verbringen unzählige Stunden damit, ihr Pferd im Dressurviereck zu trainieren. Dabei müssen sie sich den Platz meist mit anderen Reitern teilen. Damit jeder zu seinem Recht kommt, wurden Bahnregeln aufgestellt. An sie sollte sich jeder Reiter halten.

Das Betreten der Bahn
Reiter, die in die Reithalle möchten, rufen vor dem Öffnen der Tür „Tür frei, bitte!". Dann warten sie die Antwort „Ist frei!" der Mitreiter ab. Mit einem freundlichen „Hallo" oder „Guten Tag" kann man dann eintreten. Zum Aufsitzen, Jacke ausziehen oder Nachgurten geht man in die Bahnmitte. Dort ist das

Beim Abteilungsreiten kann man die Bahnfiguren kennen lernen.

Ein freundliches Lächeln sorgt für gute Stimmung in der Bahn.

Risiko, dass man andere Reiter stört, am geringsten. Beim Verlassen der Bahn geht man in umgekehrter Reihenfolge vor.

Hufschlag frei
Der wichtigste Verkehrsweg in einer Reitbahn ist der so genannte Hufschlag. Dies ist der Pfad am Rand der Reitbahn, auf dem Pferde und Reiter ihre Übungen ausführen. Es gibt den ersten, den zweiten und sogar den dritten

ABSTAND HALTEN
Paare, die in der Abteilung reiten, dürfen nicht zu dicht auf ihren „Vordermann" aufrücken. Richtmaß für einen angemessenen Abstand ist die Pferdelänge. Der Reiter hält den richtigen Abstand ein, wenn er zwischen den Ohren seines Pferdes hindurch die Hinterhufe des vorangehenden Pferdes sieht.

Hufschlag. Der erste Hufschlag liegt am Rand der Reitbahn, zweiter und dritter folgen etwas weiter innen. Der Hufschlag muss für die übenden Paare freigehalten werden. Natürlich kommt es vor, dass ein Reiter auf dem Hufschlag anhalten muss, weil er zum Beispiel eine ganze Parade zum Halten reiten möchte. Dann ruft er laut „Hufschlag frei, bitte" und die anderen Reiter weichen daraufhin aus.

Linke Hand hat Vorfahrt

In einer viel besuchten Reitbahn braucht man auch Vorfahrtsregeln. Nur damit klappt das Miteinander problemlos. Am einfachsten hat es der Reiter, der auf der linken Hand trabt oder galoppiert. Ihm müssen alle anderen Reiter ausweichen. Es ist aber nicht Sinn der Sache, dass man deshalb nur auf der linken Hand bleibt. Abwechslungsreiche Bahnfiguren sind unerlässlich für die Gymnastizierung. Wer Schritt reitet, gehört auf den zweiten oder noch besser auf den dritten Hufschlag. Schrittreiter sollten ihre Mitreiter gut beobachten und auf deren Manöver reagieren. Es ist schließlich leichter, ein langsam gehendes Pferd anzuhalten, als im Trab auszuweichen. Rücksichtnahme lautet die Devise!

Sonderregelungen

Reiter, die Hindernisse aufbauen wollen oder ihr Pferd longieren möchten, sprechen sich mit ihren Mitreitern ab. Solche Übungen benötigen nämlich viel Platz und könnten die anderen Reiter behindern. Befinden sich mehr als vier Reiter in der Bahn, sollten alle auf einer Hand reiten. So kann jeder sein Pferd konzentriert arbeiten. Das Kommando zum Handwechsel gibt meistens der erfahrenste Reiter.

Reiten mehrere Reiter auf dem Platz, dann sollten sie sich gegenseitig gut beobachten.

Wer auf der rechten Hand reitet, muss ausweichen. Hierfür geht man auf den zweiten oder dritten Hufschlag.

Die linke Reiterin ist schneller als die beiden anderen Reiterinnen. Deshalb wendet sie zu einer Volte ab.

Die Ausbildungsskala

Die so genannte Ausbildungsskala ist eine Liste von Merkmalen, die das Pferd bei der Arbeit zeigen sollte. Junge und alte Pferde werden gleichermaßen danach gearbeitet.

Takt

Unter Takt versteht man das gleichmäßige Laufen eines Pferdes. Sei es nun im Schritt, Trab oder Galopp. Jede Gangart hat ihren eigenen Takt und der sollte entwickelt werden und erhalten bleiben. Dabei ist es egal, ob man eine Wendung reitet oder einfach nur geradeaus reitet. Das hört sich leichter an, als es ist. Denn Pferde können auf störende Hilfen mit Taktunregelmäßigkeiten reagieren.

Ein gerade gerichtetes Pferd belastet alle vier Beine gleichmäßig!

Losgelassenheit

Ein Pferd, das losgelassen ist, ist in keiner Weise verkrampft. Es läuft vollkommen entspannt und kann auf reiterliche Hilfen und Wünsche eingehen. Ist ein Pferd nicht losgelassen, liegt das häufig am Reiter. Möglicherweise behindert er es oder bringt es aus dem Gleichgewicht.

Anlehnung

Unter Anlehnung versteht man die konstante Verbindung zwischen Reiterhand und Pferdemaul. Das Pferd darf sich nicht auf das Gebiss legen, sich diesem aber auch nicht entziehen. Der Kopf sollte stets leicht vor der Senkrechten sein und die Zügel dürfen nicht durchhängen.

Schwung

Der Schwung des Pferdes kommt aus der Hinterhand. Sie sorgt für

Ein versammeltes Pferd richtet sich in der Vorhand auf und wirkt kompakt. Bis es so weit ist, vergehen viele Jahre reiterlicher Arbeit.

Am Anfang einer Reitstunde ist das Pferd noch recht lang. Man erarbeitet sich Takt, Losgelassenheit und Anlehnung.

die Vorwärtsbewegung. Das Pferd sollte fleißig laufen und deutlich unter den Schwerpunkt treten. Der Takt bleibt dabei ebenso erhalten wie die Anlehnung. Ein schwungvoll laufendes Pferd kann man gut sitzen und es richtet sich in der Vorhand verstärkt auf.

Gerade richten

Von Natur aus ist jedes Pferd „schief". Das ist gut zu erkennen, wenn man die Spur des Pferdes betrachtet: Die Spur des inneren Hinterbeins läuft meist etwas weiter außen als die Spur des inneren Vorderbeins. Bei der Dressurarbeit wird das Pferd gerade gerichtet. Dafür führt man die Schulter des Pferdes leicht nach innen und mit den Schenkeln verhindert man ein Ausweichen der Hinterhand. Ist das Pferd gerade gerichtet, läuft es mit den Hinterbeinen in der Spur der Vorderbeine.

Versammlung

Die Krönung der Arbeit ist die Versammlung. Dabei tritt das Pferd deutlich unter den Schwerpunkt und nimmt mit der Hinterhand mehr Last auf. Das Pferd richtet sich auf, das Genick bildet den höchsten Punkt.

Wozu dient Dressurarbeit?

Pferde sind keine geborenen Lastentiere. Damit sie durch ihre Arbeit mit dem Menschen keinen Schaden nehmen, ist regelmäßige Dressurarbeit nötig. Dadurch lernt das Pferd, mit den Hinterbeinen stärker unterzutreten. Kopf und Hals richten sich auf. Das Pferd wird durch diese „Versammlung" kürzer und runder. So kann es das Gewicht des Reiters besser tragen. Tritt das Pferd mit seinen Hinterbeinen deutlich in Richtung Sattel, so tritt es unter seinen Schwerpunkt. Zum Vergleich sollte man ein Pony auf der Weide betrachten. Es bummelt mit langem Hals und gemütlich arbeitender Hinterhand durch die Landschaft und wirkt dabei sehr lang.

Die Hufschlagfiguren

Beim Dressurtraining gehen Pferd und Reiter die Hufschlagfiguren. Diese dienen dazu, das Pferd korrekt zu stellen und zu biegen. Außerdem zwingen sie den Reiter, seine Hilfen richtig zu geben.

Bahnpunkte

An der Bande der Reitbahn befinden sich Buchstaben. Sie helfen dem Reiter beim Reiten der Hufschlagfiguren. An diesen Punkten muss der Reiter abwenden und den Hufschlag verlassen oder wieder bei ihm ankommen. Außerdem gibt es an der Bande vier Kreise. Sie unterstützen den Reiter beim Reiten eines Zirkels. An diesen Kreisen sollte der Hufschlag berührt werden.

Neben den Buchstaben, die sich an der Bande befinden, gibt es gedachte Bahnpunkte. Diese sind nicht speziell markiert. Unter dem Bahnpunkt X versteht man die Mitte der Bahn, also den Kreuzungspunkt vieler Bahnfiguren, und den Ort, wo das Halten geübt wird.

Ein weiterer gedachter Bahnpunkt ist der „Punkt" HB. Er steht für „Halbe Bahn" und bezeichnet die unsichtbare Linie, die auf halber Höhe quer durch die Bahn verläuft.

Ganze Bahn

Beim Reiten der ganzen Bahn sollte man die vier Ecken des Rechtecks genau ausreiten. Am Anfang der Stunde noch etwas flacher, aber mit fortschreitender Arbeitsphase tiefer sowie korrekt gestellt und gebogen. Dabei bemüht man sich um ein gleichmäßiges Tempo.

Fakten

Die Reitbahn misst 20 x 40 m oder 20 x 60 m. Ausgebildeten Pferden gelingen Volten mit 6 m Durchmesser. Ungeübte Pferden können Volten von 10 oder 8 m Durchmesser reiten. Reitet man also in einer Reitbahn von 20 m Breite, müsste ungeübten Pferden eine Volte glücken, die sich vom ersten Hufschlag bis zur gedachten Mittellinie erstreckt.

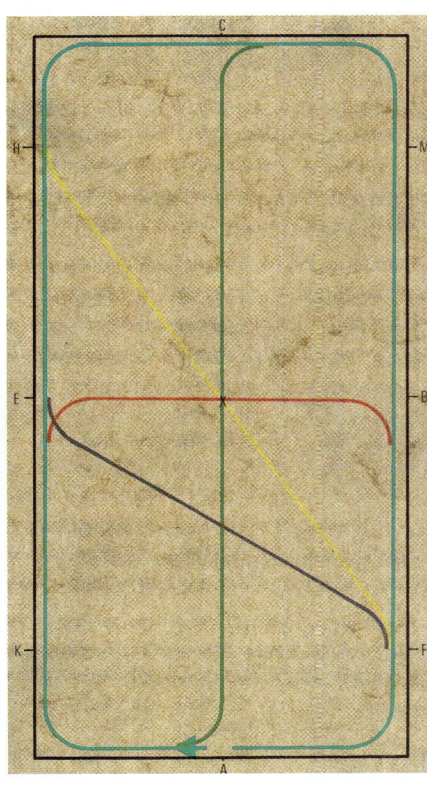

Ganze Bahn
(türkise Linie)

Halbe Bahn
(rote Linie)

Durch die halbe
Bahn wechseln
(violettfarbene Linie)

Durch die ganze
Bahn wechseln
(gelbe Linie)

Durch die Länge
der Bahn wechseln
(grüne Linie)

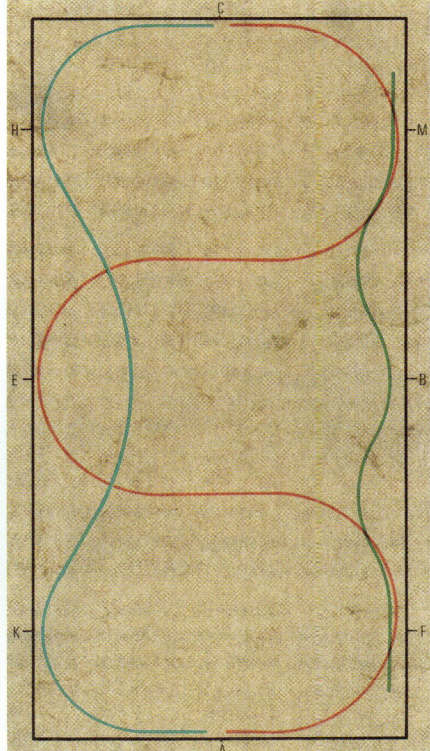

Einfache
Schlangenlinie
(türkise Linie)

Doppelte
Schlangenlinie
(grüne Linie)

Schlangenlinie
in drei Bögen
(rote Linie)

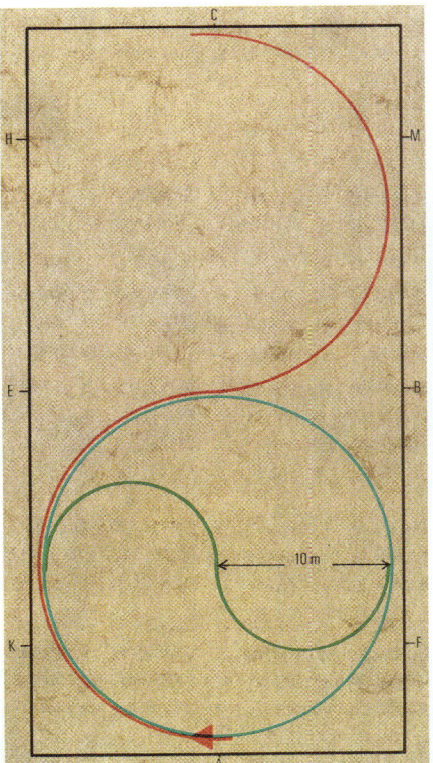

Zirkel
(türkise Linie)

Aus dem Zirkel
wechseln
(rote Linie)

Durch den Zirkel
wechseln
(grüne Linie)

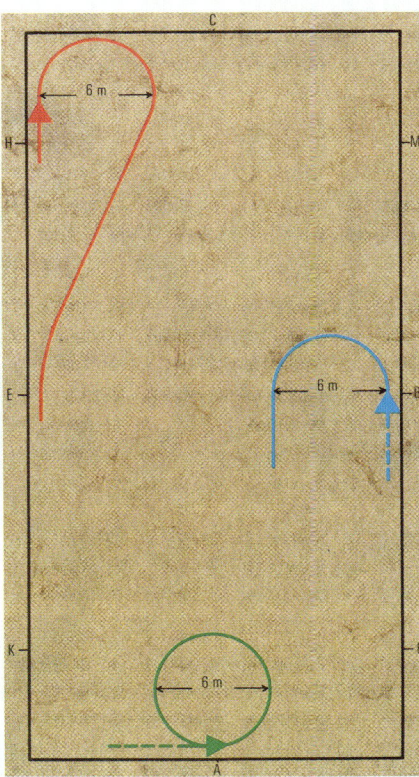

Ganze Volte
(grüne Linie)

Kehrtvolte
(blaue Linie)

Kehrt aus der Ecke
(rote Linie)

In der Dressurstunde kommen häufig Ausbinder zum Einsatz.

Halbe Bahn

Wenn das eher seltene Kommando „Halbe Bahn" erklingt, wendet man auf halber Höhe ab und reitet bis zur nächsten Seite. Dabei wird kein Handwechsel vorgenommen.

Den Handwechsel üben

Ertönt das Kommando „durch die halbe Bahn wechseln", verlässt man auf halber Höhe den Hufschlag, reitet zur gegenüberliegenden Seite und wechselt dann die Hand. Ebenso dem Handwechsel dienen die Übungen „Wechsel durch die ganze Bahn" und „Wechsel durch die Länge der Bahn". Beim Wechsel durch die Länge der Bahn reitet man von der Mitte einer

Ebenso reitet man die lange und die kurze Seite der Bahn gerade und ohne Schwankungen aus. Da sich die Pferde durch die seitliche Begrenzung die notwendige Anlehnung holen, ist das noch recht einfach. Anders sieht es aus, wenn man sich auf den zweiten Hufschlag wagt. Nur ein Pferd, das Unterstützung durch die reiterlichen Hilfen bekommt, kann hier geradeaus laufen.

ABWECHSLUNG SCHAFFEN

Viele Bahnfiguren kann man kombinieren oder ergänzen. Beim Wechsel durch die ganze Bahn kann man bei X eine Volte nach links und nach rechts reiten, anschließend geradeaus weiter. Oder man trabt bei den Schlangenlinien durch die ganze Bahn und reitet die Wendungen im Schritt aus. So macht man das Pferd aufmerksamer und kontrolliert, ob es auch wirklich an den Hilfen steht.

Auf dem Hufschlag reiten ist eine vergleichsweise einfache Übung.

Wenn man den Hufschlag verlässt, muss der äußere Schenkel etwas stärker zum Einsatz kommen. Und aufgepasst: Beim entsprechenden Buchstaben sollte man schon auf dem „Wege sein". Dafür macht man das Pony mit einer halben Parade aufmerksam und leitet die Übung ein.

Kurzseite zur Mitte der anderen Kurzseite und wechselt die Hand. Gerade bei diesen langen freien Strecken ist es wichtig, dass man das Pony mit seinen Hilfen einrahmt und begleitet.

Die Schlangenlinien

Reitet man Schlangenlinien, dann muss das Pferd sorgfältig gestellt werden. Die einfache Schlangenlinie wird in einem flachen Bogen geritten. Der Wechsel von Stellung und Biegung kommt rasch. Mehr Aufmerksamkeit erfordert die doppelte Schlangenlinie. Kaum hat man den Hufschlag verlassen, muss man schon abwenden, um in der Mitte der Bahn anzukommen. Dort gleich wieder umstellen und den Hufschlag verlassen.
Eine schöne Übung ist die Schlangenlinie in drei Bögen. Man bereitet sich darauf vor, dass man die Ecke als einen Halbkreis ausreitet. Von dort geht es geradeaus zur gegenüberliegenden Seite. Kurz bevor man den Hufschlag erreicht, wird das Pferd umgestellt und am Bahnpunkt der Hufschlag berührt.

Zirkel und Volten

Ein Zirkel beginnt immer am Zirkelpunkt. Dort verlässt man den Hufschlag und steuert auf das X zu, von dort wieder zum Zirkelpunkt und anschließend zum Zeichen an der kurzen Seite. Dann geht es wieder in Richtung Zirkelpunkt. Will man „aus dem Zirkel wechseln", so stellt man das Pferd kurz vor X um und reitet ein paar Tritte geradeaus. Anschließend wird das Pferd in die andere Richtung gestellt. Kniffeliger ist es, „durch den Zirkel" zu wechseln. Dabei muss das Pferd in der Mitte des Zirkels umgestellt werden.
Volten sind kreisförmige Figuren, die im Schritt oder Trab geritten werden. Volten kann man von jedem Punkt des Hufschlags aus reiten. Leichter aber ist es, wenn man sie an einer Ecke beginnt. Bei der ganzen Volte ist kein Handwechsel nötig. Kehrtvolte und „Kehrt aus der Ecke" hingegen erfordern ihn.

Hufschlagfiguren erfordern ein korrektes Zusammenspiel der Hilfen.

Aufbau einer Dressurstunde

Im Laufe ihrer gemeinsamen Arbeit entwickeln sich Pferd und Reiter ständig weiter. Beherrscht das Paar eine Übung, so sollte es sich an etwas Neues wagen. Dabei darf man aber nicht vergessen, dass auch an gut funktionierenden Übungen immer wieder gefeilt werden kann. Neues einstudieren und Geübtes verbessern kann Inhalt der Dressurstunde sein.

Die Lösungsphase

Die Reitstunde beginnt mit der Lösungsphase. Der Reiter bereitet sich während dieser Phase gedanklich und körperlich auf die kommende Stunde vor. Das Pferd wird aufgewärmt, Sehnen und Muskeln müssen gelockert werden. Deshalb reitet man gut zehn Minuten Schritt am langen Zügel. Schon jetzt denkt man an die Ausbildungsskala und beginnt damit, den Takt zu regeln. Das Paar sollte nicht nur geradeaus reiten, sondern auch zwischen großen Bögen und Wendungen abwechseln. Dabei achtet der Reiter

Maultätigkeit erwünscht!

Beim Reiten ist eine gewisse Maultätigkeit erwünscht. So wird das Pferd im Genick nicht fest. Ein feiner weißer Rand am Maul zeiasich, dass das Pferd kaut.

auf die Losgelassenheit des Pferdes und arbeitet an der Anlehnung. Geht das Pferd korrekt, kann man es mit Schwung vorwärts treiben und gerade richten.

Danach nimmt der Reiter die Zügel auf und beginnt mit der Trabarbeit. Zunächst trabt er leicht, damit sich das Pferd im Rücken lockern kann. Nützlich sind auch große Bahnfiguren und einfache Übergänge wie vom Schritt in den Trab wechseln. Auch Galoppzirkel im leichten Sitz sollten eingebaut werden.

Ein fleißiger Arbeitstrab ist für die Dressurarbeit sehr wertvoll.

Die Arbeitsphase

Nach der Lösungsphase beginnt man mit der eigentlichen Arbeit. Die Gänge des Pferdes sollten nun schwungvoll und raumgreifend sein. Ebenso sollte es willig und durchlässig an den Hilfen stehen. Bis auf die letzte Stufe der Ausbildungsskala hat man alle Punkte erarbeitet und sollte sie auch weiterhin erhalten. In der Arbeitsphase geht man an einzelne, neue Themen heran. Wer die Ecken schöner anlegen möchte, der wird sie nun bewusster und tiefer ausreiten. Dabei wird er darauf achten, dass das Tempo gleichmäßig bleibt.

Im Trab kann man gut aussitzen und an versammelnden Übungen arbeiten. In diesem Tempo ist das Ausreiten von Volten ebenso angebracht wie Zirkel verkleinern und vergrößern. Dabei tritt das Pferd verstärkt unter den Schwerpunkt. Zu den versammelnden Übungen zählt auch das Rückwärtsrichten.

In der Arbeitsphase sollte man allerdings nicht nur arbeiten. Nach einer gut ausgeführten Übung baut man „Zügel aus der Hand kauen" (siehe Kasten rechts) oder eine kurze Schrittpause ein. Generell führt man eine Übung nur zwei- oder dreimal aus. Damit Reiter und Pferd Spaß an ihrer Arbeit behalten, sollten immer wieder neue Aufgaben eingeübt werden.

WEITERE ÜBUNGEN

Mit der Übung „Zügel aus der Hand kauen" kann man die Bausteine der Ausbildungsskala überprüfen. Bei dieser Übung dehnt und streckt sich das Pferd nach vorwärts abwärts. Der Reiter treibt die Tritte bewusst hervor und gibt dem Pferd die Gelegenheit, die Zügel aus der Hand zu ziehen. Es kann mit den Hinterbeinen besser untertreten und den Rücken aufwölben. Gut geritten ist die Übung, wenn das Pferd die Zügel langsam aus der Hand holt und nicht ruckartig daran zieht. Hat das Pferd das Maul auf Bughöhe, nimmt der Reiter die Zügel vorsichtig wieder auf. Aufgepasst: Das gleichmäßige Tempo muss erhalten bleiben, ebenso sollte sich das Pferd nicht den Hilfen entziehen.

Entspannungsphase

Nachdem die Arbeit getan ist, lässt man die Dressurstunde bewusst ausklingen. Reiter und Pferd sollten ihre Arbeit mit einem Erfolgserlebnis abschließen, daher reiten sie nun eine Übung, die gut gelingt. Zum Abschluss gönnt man dem Pferd die Möglichkeit, sich noch einmal zu strecken. Lockeres Leichttraben kann möglichen Verspannungen vorbeugen. Die letzten zehn Minuten reitet man Schritt am hingegebenen Zügel. Der Reiter kann mit der Arbeit zufrieden sein, wenn das Pferd mit langem, nach unten gestrecktem Hals durch die Bahn läuft.

Beim Trockenreiten muss man nicht unbedingt im Viereck bleiben. Ein Bummel durch das Gelände kann sehr entspannend sein.

Probleme beim Dressurreiten

Beim Reiten arbeiten Mensch und Tier zusammen. Da ist es nicht verwunderlich, wenn es zu Missverständnissen kommt. Solche Probleme müssen und können aus dem Weg geräumt werden. Manchmal reicht es schon, wenn der Reiter seine Anforderungen herunterschraubt oder den Reitlehrer um entsprechende Korrekturen bittet.

Das Pony stürmt im Galopp

Häufig kann man Pferde beobachten, die schnell und unkontrolliert um die Ecken stürmen. Das ist in der Regel ein Zeichen dafür, dass dem Pony das notwendige Gleichgewicht und die Kraft zum Tragen des Reiters fehlen. Da hilft nur eines: Die Grundlagen müssen gefestigt werden. Und zwar nicht, indem man viel und häufig galoppiert. Vielmehr ist es wichtig, das Pony bewusst gerade zu richten und die notwendige Muskulatur aufzubauen.

„GESCHENKTER GALOPP"

Es gibt Dressurausbilder, die ihr junges Pferd hauptsächlich im Schritt und Trab arbeiten. So geben sie ihm Zeit und Möglichkeit, die notwendige Kraft und ein ausgeprägtes Balance-Gefühl zu entwickeln. Der Galopp klappt so später problemlos.

Sinnvoll ist in diesem Fall das Angaloppieren auf dem Zirkel. Nach zwei bis drei Sprüngen pariert man wieder durch und trabt weiter. Anschließend wird erneut angaloppiert. Ratsam ist es auch, nur die langen Seiten der Bahn zu galoppieren. Vor der kurzen Seite wird zum Trab durchpariert, damit das Pony die schwierigen Kurven in Ruhe angehen kann. Erst wenn der Galopp gleichmäßiger wird, kann man flach gerittene Ecken reiten, ohne in den Trab zu wechseln.

Die ganze Parade klappt nicht

Das Pferd will einfach nicht stehen bleiben und reagiert nicht auf die Bemühungen des Reiters! Sicher, es gibt sture Ponys, die einfach keine Lust haben anzuhalten. Meistens aber ist der Grund dafür, dass die ganze Parade nicht klappt, eine fehlerhafte Hilfengebung. Für die Durchführung einer ganzen Parade sind ALLE Hilfen notwendig. Mit Schenkel und Gewicht treibt man in die annehmende Zügelhilfe. Dazu nimmt man die Zügel auf und gibt wieder nach. Man zieht nicht und sollte auch nicht nach vorne fallen. Vielmehr kann es hilfreich sein, den Oberkörper aufzurichten und sich schwer hinzusetzen.

Das Pony zieht die Zügel aus der Hand

Ein Pony ist naturgemäß stärker als sein Reiter. Wenn es also den Kopf nach unten zieht, geht er meistens in der Bewegung mit und fällt nach vorn. Der mühsam gehaltene Sitz geht ebenso verloren wie die Kontrolle über den Vierbeiner. Manches Pony nutzt die Gelegenheit zum Fressen, andere galoppieren fröhlich los. Deshalb greift man in solchen Fällen mit einer Hand – manchmal sogar mit beiden Händen – in den Angstriemen und verbessert so den Kontakt zwischen Pferdemaul und Zügel. Gleichzeitig kann man sich etwas tiefer in den Sattel ziehen. Diese Argumente begreift das Pony meistens schnell.

Das Pony ignoriert den äußeren Schenkel

Da hat man sich vorgenommen, auf dem zweiten Hufschlag zu reiten oder die Vorhandwendung zu üben. Leider aber macht das Pony

KOPF RUNTER!

Die Nase knapp vor der Senkrechten – jeder Dressurreiter wünscht sich, dass sein Pferd diese Haltung einnimmt. Um sie zu erzwingen, setzt so mancher Reiter die Hand übermäßig ein, knebelt das Pferd mit Hilfszügeln und und und. Dabei geht es viel einfacher: Der Reiter bekommt die korrekte Anlehnung sozusagen geschenkt, wenn er seine Hilfen richtig und gezielt einsetzt und dem Pferd ausreichend Gelegenheit gibt, sich zu entwickeln.

nicht mit, sondern „überhört" einfach die reiterlichen Wünsche. In diesem Fall sollte der Reiter zunächst kontrollieren, ob sein Schenkel wirklich etwas weiter hinten liegt und so korrekte Anweisungen gibt. Zu prüfen ist auch, ob der Schenkel nur angedrückt wird oder ob der Reiter gleichmäßig im Takt mittreibt. Werden die Hilfen aber korrekt gegeben, tippt der Reiter sein Pony mit der Gerte im Takt an. So macht er es auf die Schenkelhilfe aufmerksam.

Auf einem stürmischen Pferd fällt es manchmal nicht leicht, in den Steigbügeln zu bleiben.

Die Hilfszügel

Hilfszügel helfen reiterliche Schwächen auszu-
gleichen. Darüber hinaus kann man damit ein
Pferd mit schlechter Grundausbildung oder
unglücklichem Körperbau korrigieren. Hilfszügel sollten nur kurzfristig eingesetzt werden.

Das Martingal

Das Martingal besteht aus einem Riemen, der
vom Sattelgurt aus in Richtung Pferdemaul
führt. Auf halber Strecke teilt sich der
Riemen und jedes seiner beiden Teile mündet
in einen Ring. Durch die beiden Ringe laufen
die Zügel. Das Martingal ist korrekt verschnallt, wenn die schmalen Riemen bei ange-
nommenem Zügel durchhängen. Sie sollen erst
zum Einsatz kommen, wenn das Pferd den
Kopf hochreißt. Das Martingal übt in diesem
Fall eine „Umlenkfunktion" aus und der Reiter
kommt auch weiterhin mit seinen Zügelhilfen
durch. Das Martingal behindert das Pferd
nicht in seinen Bewegungen und wird deshalb
gerne bei Ausritten eingesetzt.

Beim Einfädeln der Zügel achtet man darauf, dass die schlanken,
fingerförmigen Martingalschieber vor den Zügelschnallen liegen.

Verwendung der Hilfszügel

Hilfszügel werden grundsätzlich erst nach der Lösungsphase eingeschnallt! Sobald die Reitstunde beendet ist,
wird der Hilfszügel wieder entfernt.
Hilfszügel kommen nur in Verbindung mit einer Trensenzäumung zum Einsatz, niemals aber mit Gebissen, die
eine Hebelwirkung besitzen.
Viele Hilfszügel sind weder für Geländeritte noch für
das Springreiten geeignet. Kommt das Pferd nämlich aus
dem Gleichgewicht, muss es sich mit dem Hals ausbalan-
cieren. Trägt es aber einen entsprechenden Hilfszügel,
ist das nicht möglich und schwere Stürze sind die Folge.

Der Dreieckszügel

Beim Dreieckszügel führen zwei Riemen, die
links und rechts am Sattelgurt befestigt sind,
zwischen den Pferdebeinen nach vorne zur
Trense und von dort zurück zum Sattelgurt.
Der Kopf sollte leicht vor der Senkrechten
sein. Der Dreieckszügel gibt dem Pferd die
Möglichkeit, mit dem Kopf nach vorwärts
abwärts zu gehen. Ein Ausweichen nach oben
ist nur eingeschränkt möglich. Der Dreieckszügel ersetzt die fehlende Anlehnung und
erleichtert so dem Reiter seine Einwirkung.

Springreiten

Der leichte Sitz

Im leichten Sitz „schwebt" der Reiter über dem Pferderücken. Seine Füße stehen fest in den Bügeln.

Aufbau des leichten Sitzes

Damit man den leichten Sitz einnehmen kann, kürzt man die Steigbügel um drei bis fünf Löcher. Setzt der Reiter nun die Füße in die Bügel, sind seine Beine stärker angewinkelt. Aus dieser Position heraus kann er den Oberkörper gut anheben und leicht nach vorn beugen. Aufgepasst! Den Rücken dabei wirklich gerade halten. Die Arme sind locker angewinkelt, die Hände hält man links und rechts vom Mähnenkamm. Die Linie zwischen Reiterhand und Pferdemaul bleibt erhalten. Das Gesäß schwebt eine Handbreit über dem Sattel, die Knie halten deutlichen Kontakt zum Sattel.

Der Reiter kann den Bewegungen des Pferdes mühelos folgen.

Vor dem Springen kürzt man die Steigbügel um mehrere Löcher.

Die meisten Pferde haben Spaß am Springen und arbeiten gerne mit. Der Reiter kann seinen Partner unterstützen: Wenn er in den leichten Sitz geht, wird das Gewicht anders auf dem Pferderücken verteilt und dieser wird entlastet.

Die Unterschenkel liegen am Gurt. Mit den Fußballen steht man fest in den Bügeln. Die Fußspitzen weisen etwas nach außen.

Fehler beim leichten Sitz

Auch beim leichten Sitz schleichen sich häufig Fehler ein. Die Unterschenkel beispielsweise dürfen nicht weggestreckt werden. Sie gehören weder vor den Sattelgurt noch extrem weit hinter ihn. Unruhige Schenkel verhindern, dass man sicher im Sattel sitzt und mit den treibenden Hilfen durchkommt. Das Gesäß muss aus dem Sattel gehoben werden, um dem Pferd die Arbeit zu erleichtern. Wem die Kraft im Rücken und in den Beinen ausgeht, der sollte eine Pause einlegen.

Übungen für den leichten Sitz

In der ersten Zeit absolviert man die Übungen im Schritt und mit zunehmender Sicherheit im Trab oder Galopp. Die Zügel werden zusammengeknotet und auf den Hals des Pferdes gelegt. Der Reiter geht in den leichten Sitz. Um das Fundament zu festigen, stützt er die Arme in der Hüfte ab oder streckt sie zur Seite aus. Ein gutes Training ist auch das Schattenboxen (siehe Seite 58).
Zur Stärkung der Bauch- und Rückenmuskeln kann man zwischen leichtem Sitz und Leichttraben (siehe Seite 56) abwechseln.

ZÜGELBRÜCKE

Wird das Pferd zu stürmisch, kann man eine Zügelbrücke bauen. Hierfür nimmt jede Hand auch den Zügel der anderen Hand mit auf. Dann legt man die Zügel auf den Mähnenkamm und stützt die Hände links und rechts ab. So sitzt man sicherer und kann gut auf das Pferd einwirken.

Den leichten Sitz übt man zuerst auf dem stehenden Pony.

Der leichte Sitz als Bodenübung – wer schafft's, ohne zu wackeln?

Cavaletti-Arbeit

Cavalettis sind zwei bis drei Meter lange Stangen, deren beide Enden auf Holzkreuzen aufliegen. Durch Drehen dieser Holzkreuze kann man die Höhe der Cavalettis verändern. Die niedrigste Höhe ist ideal für Schrittarbeit. Wird Trab oder Galopp geritten, wählt man höhere Einstellungen.

Der Sprung über ein Cavaletti ist ein guter Einstieg ins Springreiten.

Vorteile für Pferd und Reiter

Ein Pferd, das über eine Reihe Cavalettis läuft, muss lernen, schwungvoll und im Takt zu gehen. Außerdem wird es dadurch gezwungen, die Beine anzuheben – für viele Pferde eine dringend notwendige Übung. Korrekt geritten fördert Cavaletti-Arbeit die Rückentätigkeit des Pferdes und kräftigt die Muskulatur. Gleichzeitig unterstützt sie das Pferd darin, seinen Hals nach vorwärts-abwärts zu strecken. Diese Faktoren sind für jedes Reitpferd von Bedeutung und deshalb ist regelmäßige Cavaletti-Arbeit auch für Pferde sinnvoll, die nicht springen. Gerade für Pferd und Reiter aber, die einmal Sprünge überwinden wollen, ist es unverzichtbar, Cavalettis zu reiten. Dabei üben Pferd und Reiter Abstände richtig einzuschätzen und den Takt einzuhalten. Der Reiter trainiert den leichten Sitz und lernt, sich in schwungvollere Bewegungen einzufühlen.

Cavalettis im Schritt reiten

Man beginnt die Cavaletti-Arbeit im Schritt. Der Reiter reitet die Stangen in der Mitte an und achtet darauf, dass das Pferd gerade darauf zugeht. Beim Anreiten wird der leichte Sitz eingenommen. Die Hände führt man leicht nach unten in Richtung Pferdemaul. Dabei aber den Zügel nicht durchhängen lassen, sondern weiterhin Kontakt halten. Das Gesäß wird angehoben, der Oberkörper etwas nach vorn gebeugt; mit Knie, Schenkel und Fuß stützt man sich ab. Cavaletti-Reihen im Schritt kann man auch im Aussitzen reiten. Dies ist für das Pony allerdings anstrengender, da sein Rücken nicht entlastet wird. Wer möchte, kann zwischen den Runden mit Aussitzen und leichtem Sitz abwechseln.

Der Trab über Stangen dient als Vorbereitung für die Cavaletti-Arbeit.

Im Trab und im Galopp

Viele Reiter reiten gerne im Trab oder Galopp über Cavalettis. Die meisten Ponys gehen nämlich schwungvoll an diese Arbeit heran und heben schön die Beine. Reitet man im Trab über die Stangen, kann man Leichttraben (siehe Seite 56) oder den leichten Sitz einnehmen. Im Galopp geht man in den leichten Sitz. Der Reiter nimmt sein Gesäß aus dem Sattel und beugt sich nach vorn. Wichtig ist, dass er dabei das Pferd mit seinen Hilfen einrahmt. Dann absolviert es die Cavaletti-Reihe sauber und schnurgerade.

Cavaletti-Aufbauten

Je nach Ausbildungsstand hat man verschiedene Möglichkeiten, Cavalettis aufzustellen. Der Reiter kann sie in gleichmäßigen Abständen hintereinander reihen. So trainiert er Beweglichkeit, Kraft, Ausdauer und Takt. Man kann aber auch drei Cavalettis im Trababstand

Cavalettis richtig aufbauen

Die Abstände zwischen den Cavalettis müssen gleich groß sein. Nur dann kann sie das Pony in gleichmäßigem Takt laufen. Um die Abstände festzulegen, orientiert man sich an der Schrittweite des Pferdes. Anbei einige Richtwerte: Die Abstände bei Trabcavalettis betragen für ein Pony bis 122 cm etwa 1,05 m, bei einem Stockmaß bis 142 cm etwa 1,20 m und bei einem Stockmaß bis 162 cm etwa 1,35 m. Im Galopp sollten die Stangen für ein Pony von 140 cm etwa 3 m Abstand haben. Ein Pferd mit einem Stockmaß bis 162 cm schafft etwa 3,50 m.

anordnen und mit einem vierten Cavaletti einen Galoppsprung anschließen. Cavalettis lassen sich auch zum Reiten von gebogenen Linien einsetzen. Hierfür legt man sie auf den Zirkel. Die zur Zirkelmitte weisenden Kreuze liegen dabei dichter beieinander als die äußeren. In der Lösungsphase reitet man die Cavalettis weiter außen an, anschließend wechselt man zur inneren Seite.

Damit die Cavalettis andere Reiter nicht bei der Arbeit stören, kann man sie auf dem zweiten Hufschlag aufbauen.

Der Sprung

Sind Pferd und Reiter durch die Cavaletti-Arbeit gut vorbereitet, können sie sich an den ersten richtigen Sprung wagen. Der Sprung wird in die vier Phasen Anreiten, Absprung, Schwebephase und Landung untergliedert.

Das Anreiten

Ob ein Sprung gelingen wird, entscheidet sich meist schon beim Anreiten des Hindernisses. Muss der Reiter sein Pony dabei ständig korrigieren, wird der Versuch fehlschlagen. Es ist wichtig, dass das Paar taktmäßig auf den Sprung zureitet und die Mitte des Hindernisses ansteuert. Schon beim Anreiten geht der Reiter in den leichten Sitz und zeigt dem Pony durch Schenkel- und Gewichtshilfen, wohin es gehen soll. Springanfänger können das Hindernis im Trab anreiten, Fortgeschrittene versuchen es im Galopp.

Die Springarbeit wird nach einem gelungenen Sprung beendet. Man übt keinesfalls so lange, bis das Pferd müde ist.

Der Absprung

Beim Absprung streckt sich das Pony nach oben. Die Vorderbeine erheben sich in die Luft. Der Reiter folgt der Bewegung. Er geht mit den Zügeln in Richtung Pferdemaul vor und hebt sich aus dem Sattel.

Beim Absprung ist es wichtig, dass der Reiter nicht hinter die Bewegung des Ponys kommt. Er muss vielmehr dem Schwung des Pferdes folgen.

Zum Landen benötigt das Pony Halsfreiheit, denn nur dadurch kann es das Gleichgewicht halten.

Dieses Pony springt sehr hoch über das kleine Hindernis.

Lexikon

Taxieren bedeutet, den richtigen Absprungpunkt finden. Unter Bascule versteht man das Aufwölben des Pferderückens während des Sprungs. Der Hals des Pferdes geht dabei nach vorwärts abwärts und der Widerrist bildet den höchsten Punkt.
Unter einem Sprung versteht man zwei Dinge: Zum einen ist damit der Sprung über ein Hindernis gemeint, zum anderen aber auch das Hindernis selbst.

Unerfahrenen Springern fällt es meist nicht leicht, den richtigen Platz für den Absprung zu finden. Eine Stange, die vor das Hindernis gelegt wird, kann ihnen helfen.

Die Schwebephase

Während das Pferd über das Hindernis „schwebt", streckt es sich deutlich vom Kopf bis zum Schweif. Es sollte dabei den Rücken nach oben aufwölben und die Beine an den Körper ziehen. Der Reiter gewährt dem Pferd die nötige Kopffreiheit, ohne den Kontakt zum Pferdemaul zu verlieren. Knie und Schenkel müssen deutlich am Pferd anliegen.

Schwebephase: Der Reiter geht in der Bewegung nach vorn mit.

Die Landung

Der Kontakt zum Boden steht bevor. Als Erstes fußt ein Vorderbein auf, das zweite folgt kurz darauf. Die Hinterhand nähert sich der Vorhand, der nächste Galoppsprung steht an. Damit das Pony nach der Landung weder Weg noch Tempo bestimmen kann, muss der Kontakt zum Pferdemaul erhalten bleiben! Während der Landung richtet sich der Reiter auf. Mit Knien und Schenkeln hält er Kontakt zum Sattel, sodass er den Schwung mühelos abfangen kann. Anschließend lässt er das Pferd im ruhigen Arbeitstrab auslaufen.

Bei der Landung bleibt der Kontakt zum Pferdemaul erhalten.

Gymnastikspringen

Beim Gymnastikspringen wird das Pferd gezielt trainiert. So lernt es, die Sprünge abzuschätzen und sich „fliegen zu lassen". Dabei kommt es nicht darauf an, dass das Pferd sehr hoch springt. Vielmehr sollte es die Hindernisse gleichmäßig und in ruhigem Tempo gehen. Der Reiter konzentriert sich beim Gymnastikspringen auf seinen Sitz und den korrekten Einsatz der Hilfen. Dabei bekommt er auch ein gutes Gefühl für die Bewegungen des Pferdes.

Kombinationen

Kombinationen bestehen aus zwei oder drei Hindernissen. Die Reiter müssen also mehrere Sprünge hintereinander absolvieren. Zwischen den Sprüngen liegt meist ein Galoppsprung. Es gibt aber auch Kombinationen, bei

Verschiedene Hindernisse

Im Springsport wird zwischen dem Steilsprung, dem Weitsprung und dem Hochweitsprung unterschieden. Wer im Gelände reitet, trifft noch auf Auf- und Absprünge sowie auf Sprünge ins und aus dem Wasser. Für diese natürlichen Sprünge sind allerdings großes reiterliches Können und viel Erfahrung nötig. Für Anfänger im Springreiten sind sie keinesfalls geeignet.
Steilsprung: Beim Steil- oder Hochsprung liegen die Hindernisteile waagerecht übereinander, sodass die Sprungkurve relativ steil und kurz ist. Typische Steilsprünge sind die „Bahnschranken", die Planken oder die Mauer.
Weitsprung: Der Weitsprung ist häufig in Form eines Wassergrabens anzutreffen. Die Flugkurve muss flach, doch weit ausfallen.
Hochweitsprung: Pferde können diese Sprünge gut abschätzen und setzen zu einer hohen und weiten Flugbahn an. Ein typischer Hochweitsprung ist die Triplebarre. Dabei liegen drei Stangen hintereinander auf einem speziellen Hindernisständer. Dieser ist vorn sehr niedrig und wird nach hinten höher. Auf diesen ansteigenden Ständer werden die Stangen aufgelegt.

denen die Abstände mal einen oder zwei Galoppsprünge betragen. Bei den so genannten In-and-Outs ist hingegen kein Galoppsprung zwischen den Hindernissen vorgesehen. Das Paar springt unmittelbar nach der Landung wieder ab und überfliegt das nächste Hindernis. Damit Kombinationen gelingen, muss darauf geachtet werden, dass der Absprung zum richtigen Zeitpunkt stattfindet.

Aufbaumöglichkeiten

Für ein Gymnastikspringen genügen im Prinzip drei oder vier Hindernisse, die man aus beiden Richtungen angehen kann. Das heißt, dass diese Hindernisse nur eine Höhe haben dürfen.

Auf Absprunghilfen muss bei solchen Hindernissen allerdings verzichtet werden. Nur dann ist der Sprung für das Pferd gut einzuschätzen.

Einen Parcours anlegen

Eine reizvolle Abwechslung ist ein kleiner Parcours: Dafür baut man drei Cavalettis in Galopphöhe auf. Eine Reihe Strohballen mit davor gelegten Stangen oder Cavalettis lädt zum Hochweitsprung ein. Zwei Trab Cavalettis mit anschließendem kleinen Steilsprung zwingen Pony und Reiter aufzupassen. Ein Stück Plastikplane, das mit Stangen gut befestigt und eventuell mit Wasser übergossen wird, fordert zum Weitsprung auf. Dazwischen sollte man Platz für einfache Bahnfiguren wie Schlangenlinien oder Zirkel einplanen.

Fühlt sich ein Pony überfordert, dann verweigert es. Der Reiter sollte in diesem Fall seine Ansprüche zurückschrauben und ein kleineres Hindernis angehen.

Sprünge im Gelände machen Pferd und Reiter Spaß.

Sprünge im Gelände

Sprünge im Gelände sind ebenfalls eine gute Gymnastikübung. Da jedes Pferd im Gelände freudiger vorwärts geht als in der Bahn, bringt man mit diesen Sprüngen auch faule Gesellen auf Trab. Zuvor muss das Gelände inspiziert werden. Die Bodenverhältnisse sollten gut sein. Zu weicher oder zu harter Boden belastet die Sehnen und Gelenke des Pferdes. Man sollte außerdem darauf achten, ob am Absprung- oder am Landeplatz störende Vertiefungen oder große Steine und Baumstümpfe Verletzungen hervorrufen könnten.

Probleme beim Springen

Wenn der Sprung einmal nicht klappt, ist das selten die Schuld des Pferdes. Ein schlecht sitzender Sattel, Muskelkater oder einfach zu viele Sprünge innerhalb einer Woche können ein Pony zu Recht „sauer" machen. Deshalb bei Problemen immer an mögliche Reiterfehler denken und fachlichen Rat einholen!

Das Pony stürmt auf das Hindernis zu

Probleme beim Springen bereiten Ponys, die unkontrolliert auf das Hindernis zurasen und es gerade noch schaffen, „irgendwie" darüber zu springen. Solchen Pferden fehlt es häufig an Erfahrung und Selbstvertrauen. Ursache für dieses Verhalten kann auch ein schlechtes Erlebnis beim Springen sein. Am besten reitet man mit diesen Pferden einfache Cavaletti-Reihen mit anschließendem Sprung aus dem Trab. Dadurch stärkt man ihr Selbstvertrauen.

Fehlt der begrenzende Schenkel, kann es passieren, dass das Pony zur Seite ausweicht. Eine Stange kann als Begrenzung dienen.

Das Pony verweigert den Sprung

Eine für den Reiter recht unangenehme Erfahrung ist, wenn das Pony verweigert. Um einen Sturz zu verhindern, sollte der Reiter seine Knie gut schließen und sich an der Mähne abstützen. Das Pony nicht bestrafen, sondern einen Augenblick lang stehen lassen. Anschließend abwenden und das Hindernis erneut in ruhigem Tempo angehen.

Vor oder nach dem Hindernis ausbrechen

Bricht ein Pony vor dem Sprung zur Seite aus, dann liegt das vielleicht an einer mangelhaften Hilfengebung. Häufig fehlt in diesem Fall der begrenzende Schenkel. Damit das Pferd vor oder nach dem Sprung nicht ausbrechen kann, stellt man links und rechts vom Hindernis Fänge auf.

Kommt das Pferd beim Überwinden des Sprungs ins Straucheln, sollte man über einen festen Sitz verfügen und die Knie schließen.

Ausreiten

Der erste Ritt ins Gelände

Die meisten Reiter sehnen den ersten Ausritt herbei. Bis es so weit ist, muss man jedoch wirklich fit auf dem Pferderücken sein und einige Erfahrung gesammelt haben. Der Ritt ins Gelände ist schließlich nicht mit den Stunden in der Bahn zu vergleichen. Wer den ersten Ausritt wagen will, berät sich am besten mit dem Reitlehrer. Er kennt die Schwächen seiner Schüler und der Schulpferde und kann

AM HANDPFERD

Wer nicht abwarten kann, bis er reif für den ersten Ritt ins Gelände ist, unternimmt einen Ausritt auf dem so genannten Handpferd: Dabei geht das Pferd des Schülers an der Hand des mitreitenden Reitlehrers. Der Reitlehrer schnallt einen zusätzlichen Zügel in den Trensenring des Schulpferds ein und hält diesen in der Hand. So kann er Einfluss auf Tempo und Richtung des Ponys nehmen. Der Reitanfänger sitzt auf dem Handpferd, reitet wie gewohnt und kann mit seinen Hilfen auf sein Pony einwirken. So wird er langsam an die Herausforderungen im Gelände herangeführt und ist durch den Führzügel abgesichert.

Beim Ritt ins Gelände sollte man stets mit Trense und Sattel gerüstet sein.

einschätzen, ob sie für einen Ausritt reif sind. Gibt er grünes Licht, darf man sich auf ein spannendes Erlebnis freuen. Damit der erste Ausritt in guter Erinnerung bleibt, gilt es, einige Dinge zu beachten.

Das ideale Ausreitpferd

Die meisten Reitschüler lernen auf einem älteren Schulpferd. Solche erfahrenen Ponys eignen sich hervorragend für die ersten Ausritte, denn sie kennen die Wege der näheren Umgebung und bleiben selbst im stärksten Verkehr ruhig. Es sollte daher selbstverständlich sein, dass der Schüler „sein" Schulpferd auch beim ersten Ausritt reiten darf.

Die Mitreiter

Der erste Ausritt sollte von einem Reitlehrer geleitet werden. Er bestimmt Tempo wie Richtung und achtet besonders auf seine unerfahrenen Schüler. Geübte Ausreiter können auch ohne Reitlehrer ins Gelände. Sie sollten jedoch ihre Mitreiter mit Sorgfalt auswählen. Achtung vor Reitern, die davon schwärmen, dass sie ihr galoppierendes Pferd erst am

Stalltor bremsen können. Solche Reiter sind noch nicht fähig, die Verantwortung zu tragen, die für einen gemeinsamen Ritt ins Gelände notwendig ist.

Voraussetzungen

Wer zum ersten Mal ausreitet, sollte drei Voraussetzungen erfüllen:
- Der Reiter muss sein Pferd sicher in allen Grundgangarten beherrschen.
- Man sollte fest im Sattel sitzen. Das ist zum Beispiel sehr wichtig, wenn das Pferd scheut.
- Der Reiter sollte in den leichten Sitz gehen können. Schließlich sind die wenigsten Reitwege so eben wie der Fußboden. Es kommt immer mal vor, dass man einen Hang hinauf- oder hinunterreiten muss. Unter Umständen ist man auch gezwungen, sich mit dem Oberkörper seitlich vom Pferdehals zu beugen, weil die Äste eines Baums niedrig hängen.

Regeln für den Ausritt

Ausritte führen über öffentliche Straßen und Wege, aber auch über Privateigentum. Damit die Natur dabei nicht leidet und niemand zu Schaden kommt, müssen die Reiter bestimmte Regeln beachten. Nur so bleiben sie weiterhin gleichberechtigt mit Wanderern, Skatern oder Radfahrern.

Auf der Straße reiten

Selten hat man das Glück, vom Reitstall direkt ins Ausreitgelände zu kommen. Meistens muss man ein Stück auf der Straße reiten. Dann wird man zu einem Verkehrsteilnehmer und muss die Verkehrsregeln befolgen. Wie Auto- oder Radfahrer bleiben Reiter auf der rechten Straßenseite. Die Böschung rechts von der Straße und die Fußwege sind nicht zum Reiten gedacht! Verkehrszeichen wie Stoppschild oder Ampeln müssen beachtet werden.

Helle Kleidung und Reflektoren sorgen für Sicherheit.

Überholen lassen

Damit der Verkehrsfluss nicht zu sehr gestört wird und Autofahrer gut überholen können, ist Folgendes zu beachten: Sind nur zwei Reiter unterwegs, reiten sie hintereinander. Sind aber mehrere Reiter auf der Straße, reiten sie zu zweit

Wer abbiegen möchte, gibt ein deutliches Zeichen. Er streckt den Arm wie ein Radfahrer aus.

Ausreiten in der Gruppe

Beim Ausreiten in der Gruppe sind besonders viel
Disziplin und Verantwortungsbewusstsein notwendig.

- Man verlässt seinen Platz in der Gruppe nicht.
- Jeder Reiter bemüht sich, ausreichenden Abstand zum
  Vordermann einzuhalten. Ideal ist eine Pferdelänge.
- Reitet man in Zweiergruppen nebeneinander, hält man
  auch seitlichen Abstand.
- Wer schneller als der Vordermann ist, darf nicht einfach
  überholen. Der schnelle Reiter reguliert sein Pferd durch
  Paraden oder hält es gerade und reitet auf den Schweif
  des Vordermanns auf.
- Die Gruppe nimmt stets Rücksicht auf den schwächsten
  Reiter. Sind unsichere Reiter mit von der Partie, verzich-
  tet man auf Sprünge und meidet steile Hänge.

nebeneinander. Unerfahrene Reiter gehören
dabei auf die dem Verkehr abgewandte Seite.
Am Anfang und am Ende des Trupps reiten
die erfahrensten Reiter.

Unterwegs in Feld und Flur

Eine versteckt liegende Waldlichtung oder end-
loser Sandstrand – da möchte man am liebsten
losgaloppieren. Doch es ist nicht erlaubt, quer-
feldein zu reiten. Jedes Bundesland hat eigene
Regeln für das Reiten in freier Natur. Als Reiter muss man diese Gesetze kennen.
Eindeutig für Reiter freigegebene Wege sind
mit einem blauen Schild ausgewiesen, auf dem
ein weißes Pferd zu sehen ist. Häufig sind
auch Schilder mit einem Hufeisen. Ein weißes
Schild mit rotem Rand und schwarzem Reiter
zeigt, dass ein Weg für Reiter gesperrt ist.

Reiten in der Dämmerung und Dunkelheit

Viele Ausritte dauern länger als geplant.
Häufig kommen die Reiter dann erst in der
Dämmerung oder gar in der Dunkelheit

zurück. Für diesen Fall müssen sie eine Lampe
mit weißem Licht nach vorn und rotem Licht
nach hinten bei sich haben. Diese Beleuchtung
wird am linken Reitstiefel befestigt. Die Pferde
sind mit reflektierenden Bändern und Leucht-
gamaschen auszustatten. Erfahrungsgemäß
reicht diese Ausstattung aber nicht aus. Man
sollte deshalb eine Taschenlampe mitnehmen,
mit der man auf sich aufmerksam machen
kann. Bitte Vorsicht, den Autofahrer nicht
blenden! Schutz bieten auch Sicherheitswesten
für Bauarbeiter, die es relativ preisgünstig im
Fachhandel gibt.

Auf der Straße reitet
man Schritt! Nur in
Ausnahmefällen
wird über kurze
Strecken
getrabt.

Probleme beim Ausreiten

In Begleitung eines erfahrenen Artgenossen lernen Ponys schnell, welche Dinge ungefährlich sind.

Der Spaß am Ausritt kann einem Reiter gründlich vermiest werden. Mal passt das Wetter nicht, mal klebt das Pferd oder es geht gar durch. Viele Schwierigkeiten aber bekommt der Reiter in den Griff, wenn er das Pferd durch einfühlsame Übungen gut vorbereitet.

Witterungsbedingte Probleme

Pferde reagieren auf das Wetter. Bei starkem Wind sind Ponys zum Beispiel ausgesprochen schreckhaft und selbst auf gewohnten Strecken muss man mit einem ängstlichen Pferd rechnen. Bleibt der Reiter aber gelassen, beruhigt sich auch das Pferd schnell wieder.

Bei starker Hitze werden Pferde häufig von Insekten geplagt. Um die Störenfriede abzuwehren, schütteln die Pferde ihre Köpfe oder schlagen mit den Beinen unter den Bauch. Ein entspannter Ausritt ist unter diesen Umständen natürlich nicht möglich.

Sind also hohe Temperaturen angekündigt, sollte man einen Ausritt in die frühen Morgenstunden oder den späten Nachmittag legen. Außerdem kann man das Pferd mit Insektenschutzmitteln einreiben oder seine Ohren mit Insektennetzen schützen.

An weidendem Vieh reitet man grundsätzlich im Schritt vorbei. So wird verhindert, dass die Tiere unruhig werden und möglicherweise sogar durch den Zaun brechen.

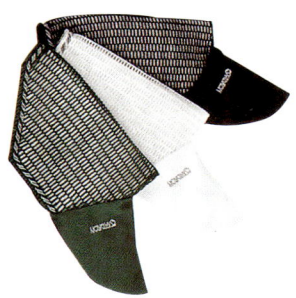

Insektennetze schützen Ohren und Kopf des Ponys vor aufdringlichen Insekten.

Kleben

Ein Pferd, das klebt, läuft nur zäh vom Stall weg. Meistens muss der Reiter deutlich treiben, um das Pony überhaupt vom Stall fortzubekommen. Ponys, die am Stall kleben, fühlen sich nur in Gesellschaft ihrer Artgenossen wohl. Deshalb gehen sie unwillig vom Stall fort und haben es eilig, dorthin zurückzukehren. Hier hilft nur Übung.

Um das Kleben nicht noch zu verstärken, reitet man in flottem Tempo vom Stall fort. Den Rückweg dagegen lässt man ruhig angehen. Auch sollte man stets unterschiedliche Wege reiten und die Richtungen ändern. So weiß das Pony nicht, wann es zurückgeht und es gewöhnt sich an unterschiedliche Umgebungen.

Vielen Ponys fällt es schwer, sich von der Gruppe zu trennen. Auch hier geht man in kleinen Schritten vor. So kann man von einer wartenden Gruppe fortreiten und nach ein paar Metern anhalten. Im ruhigen Schritt schließt die Gruppe dann auf und der Kleber wird für seine Heldentat gelobt.

Durchgehen

Ein Pony, das durchgeht, reagiert nicht mehr auf die reiterlichen Hilfen und stürmt ungebremst davon. In diesem Fall wäre es falsch, panisch an den Zügeln zu ziehen. Vielmehr sollte man ruhig bleiben und sich tief in den Sattel setzen. Im Zusammenspiel mit den Hilfen pariert man das Pferd zu einer langsameren Gangart durch. Hat man ausreichend Platz zur Verfügung, kann man versuchen, auf einen großen Zirkel abzuwenden. Hier lässt man das Pferd dann so lange laufen, bis es sich beruhigt hat.

Ist man in einer größeren Gruppe unterwegs, so bleiben alle stehen, bis sich das durchgehende Pferd beruhigt hat. Keinesfalls dürfen die Mitreiter dem durchgegangenen Pferd folgen. Damit würden sie es zusätzlich anstacheln.

Auch ein Kleber kann lernen, dass es ungefährlich ist, sich von der Gruppe zu entfernen. Bei der Rückkehr zur Herde reitet man Schritt.

Geht ein Pony aus Gewohnheit durch, so hilft nur eine langwierige Kur, in der man ausschließlich Schritt und Trab reitet. Erst nach mehreren Wochen sollte man wieder einen ruhigen Galopp wagen.

Scheuen

Viele Ponys scheuen vor überraschend auftauchenden oder unbekannten Gegenständen. Dann stemmen sie die Beine in den Boden und starren angespannt auf das unbekannte Etwas. Als Reiter sollte man gelassen bleiben und dem Pony durch den Sitz signalisieren, dass alles in Ordnung ist. Auch kann man beruhigend mit ihm sprechen. Hat sich das Pony eini-

Scheutraining: Die knisternde Plastikplane flößt vielen Ponys Angst ein. Man gewöhnt sie ganz allmählich an das „Ungetüm". Zuerst macht man sein Pony an der Hand mit der Plane vertraut.

germaßen beruhigt, reitet man auf das gefährliche Objekt zu. Dabei sollte man das Pony mit den Hilfen einrahmen und es für jeden Schritt in Richtung Gefahr loben. Ist ein erfahrenes Pony mit von der Partie, kann man es als Vorhut vorausschicken. Das gute Beispiel wirkt in den meisten Fällen vorbildhaft. Die Angst ist nach ein paar Metern überwunden und das Pferd beschnuppert gelassen den gefürchteten Gegenstand. Nun sind viel Lob und ein Leckerbissen angebracht.

Bocken

Wenn ein Pony bockt, kann das verschiedene Gründe haben. Manch junges Pferd bockt aus lauter Lebensfreude, andere bocken, weil sie Frühlingsgefühle haben oder weil sie endlich galoppieren dürfen. Diese „Freudenbocksprünge" kann man meistens problemlos im leichten Sitz aussitzen. Wichtig dabei ist, dass der Reiter die Knie schließt!

Schwieriger wird es, wenn das Pony gezielt daran arbeitet, seinen Reiter abzuwerfen. Ein Grund dafür könnte sein, dass der Sattel nicht passt oder das Pony fehlerhaft aufgezäumt wurde. Ist der Bocksprung also kein Beweis der Freude, dann sollte man schnellstmöglich die wahre Ursache ausmachen. Am besten

PROBLEME ANGEHEN

Schwierigkeiten mit dem Pony zeigen an, dass etwas zwischen Pferd und Reiter „nicht rund" läuft. Es wäre also falsch, die Zähne zusammenzubeißen und zu denken „das wird schon". Oft verstärken sich die Probleme dadurch nur noch. Am besten holt man deshalb fachlichen Rat ein! Der erste Ansprechpartner ist der Reitlehrer vor Ort. An ihn kann man sich vertrauensvoll wenden und um Unterstützung bitten.

Erste Hilfe

überprüft man zunächst die Ausrüstung. Findet sich dabei kein Fehler, holt man sich Rat beim Reitlehrer. In manchen Fällen muss sogar der Tierarzt um Unterstützung gebeten werden.

Es gibt einen kleinen Trick, um Ponys am Bocken zu hindern. Will ein Pony bocken, muss es den Kopf nach unten nehmen. Deshalb aufgepasst! Sobald der Kopf des Pferdes etwas tiefer kommt als zulässig, führt man den inneren Zügel einmal kurz, aber kräftig nach oben. Anschließend reitet man energisch vorwärts und beschäftigt sein Pferd mit ein paar Übungen. Diese kurze, aber kräftige Parade ist nicht fein, kann aber so manchen Schlingel davon überzeugen, dass man es als Reiter ernst meint.

Mülltonnen sehen bedrohlich aus. Um bei ihrem Anblick gelassen zu bleiben, braucht ein Pony eine sehr gute Grundausbildung und Vertrauen zu seinem Reiter.

Abteilungsreiten

Beim Abteilungsreiten reiten die Reitschüler hintereinander her. Die wichtigste Person ist der Vorreiter (Tete). Er ist im Normalfall der Reiter mit der meisten Erfahrung.

Bande

Die äußere Begrenzung eines Reitplatzes oder der Reithalle nennt man Bande.

Biegung

Bei der Biegung ist das Pferd vom Genick bis zum Schweif leicht „gerundet".

Fang

Fänge sollen verhindern, dass ein Pferd beim Springen zur Seite ausbricht. Meistens bestehen sie aus kleinen Gattern, die links und rechts vom Hindernis aufgestellt werden.

Handwechsel

Hierbei wird ein Richtungswechsel ausgeführt. Regelmäßige Handwechsel sind notwendig, um das Pferd auf beiden Seiten gleichmäßig zu gymnastizieren.

Kolik

Koliken sind Verdauungsstörungen, die dem Pferd große Schmerzen bereiten. Leidet ein Pferd unter einer Kolik, dann ist es unruhig und schwitzt, sieht sich nach seinem Bauch um und scharrt mit den Vorderbeinen. Manchmal wälzen sich Koliker sogar auf dem Boden.

Kraftfutter

Zum Kraftfutter zählen Hafer, Gerste und Mais wie auch die so genannten Pellets. Ihr Gehalt an pflanzlichem Eiweiß ist sehr hoch und kann von den Pferden gut verwertet werden. Im Gegensatz zu vielen Warmblütern kommen Ponys mit recht wenig Kraftfutter aus.

Longierbrille

Die Longierbrille erleichtert die Longenarbeit. Sie besteht aus einem kleinen Riemen, an dessen beiden Enden ein Karabiner sitzt. Diese Karabiner werden in die Trensenringe eingeschnallt. In einen weiteren, mittleren Riemen wird die Longe eingehängt. Die Longe muss nun nicht jedes Mal umgehängt werden, wenn man einen Handwechsel ausführt.

Lösen

Bevor man mit der eigentlichen reiterlichen Arbeit beginnt, muss das Pferd gelockert, also gelöst werden. Dabei wird es sowohl körperlich als auch geistig auf die kommenden Anforderungen eingestimmt.

Raufutter
Dieses Futter hat einen sehr hohen Raufasergehalt und sorgt dafür, dass die Verdauung des Pferdes funktioniert. Zum Raufutter zählt man z. B. Heu und Stroh.

Reitbeteiligung
Wer sich zu einer Reitbeteiligung entschließt, trägt einen Teil der regelmäßig anfallenden Kosten und der Verantwortung für ein Pferd. Im Gegenzug darf er dafür an mehreren fest vereinbarten Tagen „sein" Pferd reiten.

Rückwärtsrichten
Eine Bewegung im Zweitakt, bei der das Pferd rückwärts geht. Das Rückwärtsrichten zählt zu den versammelnden Übungen.

Saftfutter
Zum saftigen Pferdefutter zählen Mohrrüben, Äpfel und natürlich Gras.

Schenkelweichen
Bei dieser lösenden Übung bewegt sich das Pferd vorwärts seitwärts. Hierbei ist es nur im Genick gestellt, Hals und Rücken sind gerade.

Schulpferd
Früher bezeichnete man sehr weit ausgebildete Reitpferde als Schulpferde. Heute ist es leider ein mehr abwertender Begriff für die Ponys und Pferde, die täglich Reitschülern das ABC des Reitens beibringen.

Stellung
Ein im Genick leicht nachgebendes Pferd. Ob ein Pferd in Stellung geht, kann man daran erkennen, dass man das innere Auge und den Nüsternrand schimmern sieht. Fehlerhaft ist die Stellung, wenn sich die Ohren nicht auf gleicher Höhe befinden.

Stockmaß
Mit dem Stockmaß gibt man die Größe eines Pferdes an. Gemessen wird dabei vom Widerrist bis zum Boden.

Pflegepony
Wer ein Pflegepony hat, hilft dessen Besitzer beim Erledigen kleinerer Arbeiten wie Putzen oder auf die Weide führen. Als Dank dafür darf man ab und zu mit diesem Pferd reiten.

Privatpferd
Ein Begriff für Pferde, die nicht im Unterricht mitlaufen, sondern im Privatbesitz sind.

Überstreichen
Bei dieser Übung geht der Reiter mit beiden Händen am Mähnenkamm ein Stückchen in Richtung Pferdemaul vor. Das Pferd sollte dabei weder eiliger werden noch sich auf den Zügel legen. Nach ein paar Tritten führt man die Hände wieder zurück.

Vorhandwendung
Bei dieser lösenden Übung tritt das Pferd mit der Vorhand auf der Stelle, während die Hinterhand einen Halbkreis beschreibt. Man reitet nach Beendigung der Übung in die andere Richtung weiter.

Stichwortverzeichnis

Bildnachweis
Alle Fotografien stammen von Ramona Dünisch,
www.RamonaDuenisch.de
außer:
Umschlag vorne unten: Mauritius
S. 12 o.: Haas Bürsten
S. 19 ol., oM., or; S. 23 u.: G. Passier & Sohn GmbH,
Langenhagen
S. 42 ol.: Pikeur
S. 92 ol.: Eskadron
Illustrationen: Fritz Wendler

Wir danken den Fotomodellen Katharina und Nicole
Sommerfeld, Larissa Lauber, Linda Mugrauer, Ines Thuneit,
Lea Pfeiffer, Alina Krämer, Pia Schneider, Leona Walter,
Sandra Hensel, Patricia Peer, Lisa Bender, Rebecca Rieger, Ilka
Bissbort, Annika König

Bibliografische Information Der Deutschen Bibliothek

Die Deutsche Bibliothek verzeichnet diese Publikation in der
Deutschen Nationalbibliografie; detaillierte bibliografische
Daten sind im Internet über **http://dnb.ddb.de** abrufbar.

3 2 1   06 05 04

Text: Kerstin Kehl
Redaktion, Gestaltung und Produktion: Herstellungs- und
Redaktionsgemeinschaft Sabine Dohme und
Ursula Klocker, München
Umschlaggestaltung: Dirk Lieb
Printed in Germany
ISBN 3-473-35833-9

www.ravensburger.de